- 中央高校基本科研项目"气候韧性城市评价与优化研究"研究成果
- 国家自然科学基金青年项目"城市建成环境对新移民出行满意度的影响机理及包容性环境优化研究"（编号：42301212）研究成果
- 福建省社会科学基金青年项目"福建城市新移民出行满意度及其建成环境影响机理研究"（编号：FJ2023C031）研究成果
- 厦门市自然科学基金青年基金项目"基于可解释人工智能的城市建成环境对新移民出行满意度影响机理研究"（编号：3502Z202371006）研究成果

中央高校基本科研业务费专项资金资助
Supported by the Fundamental Research Funds for the Central Universities
项目编号：20720240037

城市新移民
交通出行行为研究

刘吉祥　著

厦门大学出版社　国家一级出版社
XIAMEN UNIVERSITY PRESS　全国百佳图书出版单位

图书在版编目（CIP）数据

城市新移民交通出行行为研究 / 刘吉祥著. -- 厦门：厦门大学出版社，2025.3. -- ISBN 978-7-5615-9724-8

Ⅰ. U491.2

中国国家版本馆 CIP 数据核字第 20257DQ003 号

责任编辑　郑　丹
美术编辑　蒋卓群
技术编辑　许克华

出版发行　厦门大学出版社
社　　址　厦门市软件园二期望海路 39 号
邮政编码　361008
总　　机　0592-2181111　0592-2181406(传真)
营销中心　0592-2184458　0592-2181365
网　　址　http://www.xmupress.com
邮　　箱　xmup@xmupress.com
印　　刷　厦门市竞成印刷有限公司

开本　720 mm×1 020 mm　1/16
印张　12.25
插页　2
字数　206 千字
版次　2025 年 3 月第 1 版
印次　2025 年 3 月第 1 次印刷
定价　58.00 元

本书如有印装质量问题请直接寄承印厂调换

厦门大学出版社
微信二维码

厦门大学出版社
微博二维码

前　言

改革开放以来,跨市或跨省人口流动已经成为我国城市化水平提高、城市社会经济结构调整和城乡关系重塑的重要推动力量。根据2020年第七次全国人口普查结果,全国流动人口规模达到3.76亿。随着对流动人口在经济社会发展中的角色的认识逐渐加深,以及流动人口群体构成逐渐多元化,流动人口相关研究的学术范畴也逐渐经历了从"农民工"到"新移民"的转变。我国许多城市呈现出显著的"移民城市"特征。据研究,城市新移民往往处于社会经济劣势地位。大量新移民(尤其是乡—城流动人口)从事体力密集型工作,收入较低。此外,由于没有本地户口,新移民无法充分享受与当地户籍挂钩的福利和待遇,例如公共住房、子女优质教育、医疗保障等。

规模庞大、社会经济地位较低、受诸多政策限制的城市新移民,在融入城市过程中面临资源分配、社会服务获取等难题,这些问题给实现我国社会经济可持续发展、打造公平和包容性城市带来了深刻挑战。我国政府对此有着清醒的认识,并相应提出了多项应对政策。例如,2021年3月发布的《中华人民共和国国民经济和社会发展第十四个五年规划和2035年远景目标纲要》中明确指出,要"统筹推进户籍制度改革和城镇基本公共服务常住人口全覆盖","加快推动农业转移人口全面融入城市"。这为相关学科明确了重要研究方向。因此,未来应该给予城市新移民更多研究关注,改善新移民社会经济劣势状况,满足其多元需求,从而帮助其更好地融入城市生活。

交通出行行为是城市居民日常生活的基本组成要素之一。出行需求是否得到满足很大程度上决定了居民能否方便、舒适地使用城市公共设施以及开展各类日常活动并参与社会事务(包括居住、工作、学习、娱乐、休憩、社会交往等)。不少研究发现,空间可达性差、交通系统欠完善和个人机动性不足可能削弱城市居民的机会均等性、降低其参与社会活动的能力,从而导致社会排斥。然而,当前相关研究领域关于交通出行维度的社会分异的理论探讨和实证分析尚不充分,尤其对于城市新移民等特殊人群的交通出行行为及其影响因素和机理的全面研究仍较为匮乏,亟须深入探索。

因此,本书采用比较的视角,旨在揭示中国城市内部新移民的交通出行行为及建成环境影响因素,以及新移民与本地居民之间的差异。本书提出一个核心假设:在同一城市中,新移民与本地居民之间,不仅在交通出行行为特征上明显不同,而且在交通出行行为与影响因素之间的关系上也存在显著差异。本书提出了三个研究问题:在统计显著性方面,建成环境对内部新移民和本地居民的出行行为有何不同影响?建成环境对内部新移民和本地居民出行行为的影响幅度有何差异?建成环境对这两类群体出行行为的影响形式有何不同?

本书选取中国厦门作为案例地,进行了三项实证分析。厦门是一个容纳了大量内部新移民的城市,具有较高的典型性。分析所使用的数据包括建成环境数据、社会经济属性数据以及交通出行行为数据。首先,采用多层零膨胀负二项回归模型,调查了新移民和本地居民四种主要出行方式的出行频率,并对比揭示了各自建成环境的影响因素。其次,采用轻量梯度提升模型和离散选择模型,预测了新移民和本地居民的通勤出行方式选择,并分析了建成环境变量的影响幅度。最后,采用随机森林方法,深入探讨了建成环境变量对两类人群通勤时间影响的具体形式。

本书揭示了中国城市新移民交通出行行为的特征与规律。首先,新移民的社会经济地位明显低于本地居民,他们的日常出行次数较少,并且更加依赖价格低廉的活力出行方式(如步行、骑行)和公共交通出行。本地居民的出行频率受社会经济属性因素和建成环境因素的共同影响,而新移民的出行频率则主要受社会经济属性因素的影响,建成环境因素对新移民出行行为的影响远不如对本地居民显著。其次,在通勤方式选择方面,无论对于新移民还是本地居民,建成环境因素的作用比社会经济属性因素更为突出。而且,建成环境因素对本地居民通勤方式选择的影响比对新移民的影响幅度更大,而社会经济属性因素对两者的影响则相反,即对新移民的影响比对本地居民更大。最后,新移民的平均通勤时间略短于本地居民。此外,所有建成环境变量对两类人群的通勤时间均产生非线性影响,且存在明显的阈值效应。在建成环境变量对通勤时间影响的形态、斜率和阈值方面,新移民和本地居民之间存在显著差异。

在上述研究结果的基础上,本书提炼总结了具有针对性的政策建议,旨在为研究人员和政策制定者提供有益参考。这些政策建议能帮助他们更科学、高效地解决提高交通公正性的问题,满足新移民和本地居民等人群多样化的交通需求,进而建设更具社会包容性和韧性的城市。

本书的成型,有赖于香港大学建筑学院周江评教授、厦门大学建筑与土木工程学院许旺土教授长期以来的指导和帮助。本书撰写过程中,参考了大量国内外相关优秀著作、文献资料和科研成果。硕士研究生吴红玉、李沛霖、张震承担了大量资料整理和文字润色的工作。同时,本书的出版得到了厦门大学出版社的大力支持,在此表示真诚感谢!

由于笔者自身知识和能力的局限,本书内容难免存在错误或不足,敬请读者批评指正!

刘吉祥

2025 年 4 月

目 录

第一章 概论 ·· 1
 第一节 新移民交通出行研究背景 ······························· 3
 第二节 研究目标与问题 ··· 11
 第三节 理论假设 ·· 13
 第四节 研究意义 ·· 14
 第五节 本书结构 ·· 16

第二章 新移民出行行为及其影响因素相关研究进展 ········· 19
 第一节 新移民的出行行为研究进展 ··························· 21
 第二节 建成环境对出行行为的影响 ··························· 24
 第三节 建成环境与出行行为关联的争议 ···················· 41
 第四节 本章小结 ·· 50

第三章 研究情境、数据与方法 ····································· 53
 第一节 研究情境——案例地 ···································· 55
 第二节 主要数据集 ·· 59
 第三节 分析框架 ·· 61
 第四节 数据分析方法论 ·· 64
 第五节 本章小结 ·· 69

第四章　新移民和本地居民的出行频率及其影响因素 …………… 71
 第一节　出行频率研究的背景与意义 ……………………………… 73
 第二节　变量测度与多层零膨胀负二项回归 ……………………… 74
 第三节　模型结果及其解释 ………………………………………… 80
 第四节　相关内涵及政策建议讨论 ………………………………… 89
 第五节　本章小结 …………………………………………………… 92

第五章　应用 LightGBM 方法预测新移民和本地居民的通勤方式选择
 ……………………………………………………………………………… 95
 第一节　通勤方式选择研究的背景与意义 ………………………… 97
 第二节　变量测度与 LightGBM 方法 ……………………………… 99
 第三节　LightGBM 模型与 MNL 模型结果解释与对比 ………… 106
 第四节　本章小结 …………………………………………………… 118

第六章　建成环境与新移民和本地居民通勤时长之间的非线性关系：
   随机森林方法 …………………………………………………… 121
 第一节　通勤时长研究的背景与意义 ……………………………… 123
 第二节　变量测度与随机森林方法 ………………………………… 125
 第三节　随机森林结果解释 ………………………………………… 130
 第四节　本章小结 …………………………………………………… 140

第七章　结论与展望 ……………………………………………………… 143
 第一节　研究结论 …………………………………………………… 145
 第二节　理论意义 …………………………………………………… 148
 第三节　政策启示 …………………………………………………… 151
 第四节　研究局限与未来展望 ……………………………………… 153

参考文献 …………………………………………………………… 155

附　录 ……………………………………………………………… 182

第一章

概 论

本章对本书内容进行了简要概述。首先，阐明了研究背景，包括新移民简要概况、新移民的潜在交通劣势、出行行为特征及其与建成环境的关系，梳理了相关研究争议。论述中尤其强调了中国情境。其次，详细列出了研究目标和三组研究问题，随后提出了三组研究假设。最后，强调了研究的意义，并在结尾部分介绍了本书的内容结构。

第一章 概论

第一节 新移民交通出行研究背景

一、新移民及其潜在的交通劣势

城市由具有异质性的社会群体构成(例如,新移民与本地居民,年轻人与老年人)。城市发展的应有之义和重要目标之一是确保所有群体都能充分获得基础设施和公共设施的使用权,享受发展带来的利益,并参与城市的建设或重塑。这一要求不仅是社会正义的本质,也是可持续发展的重要内涵。尤其需要关注的是相对弱势和处于较低社会经济地位的群体,如新移民、儿童、残疾人和老年人[见 Litman(1999)提出的"纵向公平"]。交通需求是城市居民的日常基本需求之一,因为交通在很大程度上决定了个人能否方便舒适地使用基本设施并进行基本活动(如工作、生活、学习和休闲娱乐)。因此,实现上述城市发展重要目标的关键途径之一是确保城市和交通规划有效地响应并满足这些群体的交通需求。换言之,以确保相对弱势和处于较低社会经济地位的群体的交通需求能够得到妥善满足的方式规划、设计和建设城市及交通系统至关重要(Chung et al.,2014)。然而,这一任务极具挑战性,因为相对弱势和处于较低社会经济地位的群体往往缺乏发声的机会,而城市和交通规划者或政策制定者通常基于普通大众的呼声和需求做出决策,因此倾向于忽视相对优势和弱势人群之间的差异(Guo et al.,2018)。

新移民是城市中一个特定的社会群体,可以分为国际新移民(即跨国迁移的人群)和国内新移民(或称"内部新移民")两类。国际和国内的人口迁移作为不平衡发展、战争、气候变化和自然灾害的产物,深刻地影响了现代社会(Boyle et al.,2014)。在美国等发达国家中,大规模的内部人口迁移逐渐放缓甚至停止,而跨国人口迁移在导致人口结构变化方面的作用愈发显著(Fargues,2011)。相较之下,内部人口迁移在发展中国家仍占据主导地位(Bell et al.,2015)。大量研究表明,国际和国内新移民在目的地国家或城市中均面临各种不利条件。研究普遍发现,国际新移民(即跨国迁移的人群),其收入低于本地居民(Zeng et al.,2004;Card,2009;Hooijer et al.,2015),并且面临有限的就业机会。他们还可能面临语言障碍、文化与生活习俗的巨大差异(Polavieja,2015),以及陌生的生活环境。在某些国家,国际新移民甚至可能面临更为严重的困境,如遭遇歧视(Ríos-Salas et al.,2015;Almeida et al.,2016;Davis et al.,2016)。此外,一些制度性限制也可能影响国际新移民的生活,例如,美国部分州禁止非法国际新移民获得驾照(Allen et al.,2020)。

在发展中国家中,占主导地位的是内部新移民,即在一个国家内部不同地区之间迁移的人群。尽管内部新移民能够更容易地适应目的地城市的语言、文化和习俗,但同样也面临多种不利条件。研究普遍证实了内部新移民与本地居民之间显著的收入差距(Park et al.,2010;Afridi et al.,2015;Qu et al.,2017);内部新移民更多从事一些低技能、劳动密集型的工作,如建筑、卫生、洗衣、杂货或餐饮服务、家政工作或手工制造业(Gong et al.,2012);他们往往面临较低的职业流动性和灵活性(Zhang,2010)、较低的职业安全感和较高的工作压力(Li et al.,2021)。与此同时,尽管不存在种族歧视,内部新移民仍然是各种歧视的受害者(Lin et al.,2011;Kuang et al.,2012;Lu et al.,2013;Wang et al.,2015)。此外,在某些国家,制度性限制使内部新移民更难以融入城市生活,例如,中国的户籍制度。中国户籍制度最初于1951年在城市设立,并于1955年扩展至城乡地区,其目的是监管和控制人口流动。然而,户籍制度使中国随着经济腾飞和城市化水平快速提高而大量涌现的内部新移民面临着结构性的劣势。例如,户籍制度下,内部新移民无法享受多种社会福利,包括公共住房、优质教育和医疗以及政府或国有企业的就业机会,甚至在购买商品房或申请驾照方面也受到不少限制(Chan,2009;Colas et al.,2019)。

上述针对国际新移民和内部新移民的社会、经济或制度性不利因素,直接导致他们面临交通方面的劣势。例如:较低的收入可能使他们缺乏足够的交通资源(交通工具、交通预算等);语言障碍、文化和习俗差异以及陌生的生活环境,都会加剧他们交通出行的不便利(Chung et al.,2014;Buhr,2018b);无论是种族歧视还是非种族歧视,都会妨碍他们舒适、自在地使用交通工具,尤其是公共交通(Liu et al.,2007),并且影响他们找到满意的工作或住房,从而进一步影响他们的职住平衡;制度性约束,例如美国的反移民政策和中国的户籍制度,作为一种歧视的来源,造成各种与交通相关的障碍和限制,对国际新移民和内部新移民的出行需求、偏好和模式均产生更全面和深远的影响。这些交通劣势不仅增加了新移民融入目的地国家或城市的难度(Bohon et al.,2008;Buhr,2018a,2018b),还可能导致社会排斥和隔离(McCray et al.,2007;Lau,2013;Chung et al.,2014;Özkazanç et al.,2017;Zhu et al.,2017a;Fields et al.,2019),并可能进一步危害他们的健康、福祉和生活质量(Syed et al.,2013;Liu et al.,2014,2015;Lee et al.,2016)。

因此,为了帮助新移民更好地融入目的地国家或城市的生活,研究人员日益关注新移民的出行行为,包括他们的交通需求、偏好、面临的问题以及影响因素,同时关注到一种独特的"交通同化"过程(Tal et al.,2010;Chung et al.,2014)。然而,这些研究大多数聚焦于发达国家的国际新移民。相对而言,关于发展中国家内部新移民的出行行为的研究相对较少。因此,不少研究者建议加强关于内部新移民的实证研究,以考查不同背景下新移民的出行行为(Guo et al.,2018)。尽管发达国家(例如美国)的大规模内部人口迁移已逐渐放缓甚至停止(Molloy et al.,2011),但发展中国家的新移民仍主要是内部迁移人口。在发展中国家中,内部新移民更容易被忽视,因为发展中国家的政策制定者们可能更看重增长和效率而非社会公正。此外,发展中国家的内部新移民是否经历与发达国家类似的"交通同化"过程仍属未知。此外,很少有研究比较新移民和本地居民的出行行为及其影响因素之间的差异。这样的比较研究十分必要,没有这些研究,将会很难理解新移民和本地居民出行行为的差异以及相同影响因素(如建成环境)如何对这两组人群产生不同影响。

二、出行行为与建成环境的关系及其研究争议

出行行为具有多种维度,其中,出行频率、通勤方式选择和通勤时长具有重要的研究和政策意义。尤其对于内部新移民而言,这三个维度能够有效反映他们可能面临的交通劣势,并与他们融入城市生活的程度、提高福祉和生活质量密切相关。

出行频率有效反映了城市居民的流动性,在很大程度上可以影响个人参与日常活动的能力(Roorda et al.,2010)。在现代社会中,各种日常活动,如居住、工作、购物和休闲,往往在不同地点进行。因此,几乎每一种户外活动都需要依赖交通出行。流动性的缺乏,通常表现为相对较低的出行频率或者出行频率降低,导致个人无法充分参与城市生活,从而可能引发社会排斥(Adeel et al.,2016)。过往研究已识别出几类受出行频率降低负面影响的群体,这些影响妨碍他们参与满足基本需求的日常活动。例如:贫困人口可能缺乏交通资源和出行手段(Giuliano,2005);老年人可能因身体能力和精力的下降而减少出行(Engels et al.,2011);而残疾人可能面临比正常人更多的出行障碍(Páez et al.,2012)。然而,尽管新移民面临因多种障碍或限制(文化、社会经济和制度)所导致的明显交通劣势,关于新移民出行频率及其影响因素的研究却较为罕见,更少研究关注发展中国家背景下内部新移民的出行频率。

作为交通出行行为中最受关注的研究维度之一,出行方式选择研究主要专注于描述、解释和预测个体或群体将选择何种交通方式,以及交通方式的分布情况。通勤方式选择是指专门针对通勤目的的交通方式的选择行为。出行方式选择反映了人们的交通资源、偏好或习惯,不仅与人们的出行满意度(Ye et al.,2017)和主观幸福感(Ettema et al.,2016)密切相关,还对城市交通规划和发展具有重要的影响(Cheng et al.,2019a)。鉴

于通勤与谋生或职业发展密切相关,并且是生活中的核心活动之一(Calderwood et al.,2021),通勤方式选择理应受到特别关注并确实吸引了大量研究者的注意。发达国家的研究者们——尤其是在美国的学者——广泛调查了国际新移民的出行方式选择行为,发现新移民在出行时更依赖于活力出行方式(步行和骑行)和公共交通,而本地居民则更依赖于驾驶小汽车出行(Bohon et al.,2008;Blumenberg,2009;Chatman et al.,2009)。然而,针对内部新移民的出行方式选择,特别是在发展中国家背景下,相关研究仍然十分有限。

通勤时长衡量人们从家到工作地点的交通出行所需的时间。大量研究证实,通勤时长对身体和心理健康(Hansson et al.,2011;Oliveira et al.,2015;Xiao et al.,2020)、死亡率(Sandow et al.,2014)、生产效率(Ma et al.,2019)以及幸福感和满意度(Stutzer et al.,2008;Chatterjee et al.,2020;Sun et al.,2020)有重要影响。考虑到内部新移民可能面临多种交通劣势,研究人员已开始关注他们的通勤时长,并验证他们是否承受了比本地居民更长的通勤时长。然而,研究结果并不一致。一些研究验证了内部新移民拥有更长通勤时长的假设(Zhao et al.2010a;Fan et al.,2014),而另一些研究则得到了相反的结果(Li et al.,2016;Zhu et al.,2017a;Zhao et al.,2020)。因此,亟须对内部新移民的通勤时长进行更深入的分析。

建成环境是指"人类创造的空间,供人们日常生活、工作和娱乐使用"(Roof et al.,2008)。建成环境被广泛确认为影响出行行为的重要因素(Cervero et al.,1997)。交通研究领域的先驱们提出了"5Ds"模型(包括密度、多样性、设计、目的地可达性和到公共交通的距离5个准度)以定量化描绘建成环境(Cervero et al.,1997;Ewing et al.,2001,2010)。"5Ds"模型引发了大量研究,以探讨建成环境与出行行为之间的关系。然而,尽管这些研究取得了丰硕的学术成果,关于建成环境与出行行为相互关系的研究在以下两个方面仍存在不足。

第一,关于建成环境对出行行为影响的研究结果存在混杂和不确定性。由于出行行为的三个维度(即出行频率、通勤方式选择和通勤时长)

是最受研究关注的领域之一,相关研究繁多、庞杂,因此明确建成环境与这些维度之间的关系尤为困难。具体而言,许多研究发现,紧凑型、混合用途、适合步行或骑行的建成环境(例如,较高的开发密度、较高的土地利用混合度、较高的街道连通性、较高的目的地可达性以及到公共交通站点的较短距离)与以下结果显著相关:(1)更多的步行、骑行和公共交通出行,但较少的驾驶小汽车出行;(2)更大可能性选择步行、骑行和公共交通出行,但选择驾驶小汽车的概率较低;(3)较短的通勤时长。然而,有大量研究得出了不同甚至相反的结论(Zhang,2004;Sehatzadeh et al.,2011;Sallis et al.,2013;Zhao,2013;Ding et al.,2014;Zhang et al.,2014;Etminani-Ghasrodashti et al.,2016;Böcker et al.,2017;Zhu et al.,2017a;Zhu et al.,2017b;Lu et al.,2018;Nasri et al.,2019;Sun et al.,2020b;Wang et al.,2020a;Zhu et al.,2020;Yang et al.,2021)。第二章将全面回顾和讨论近年来的相关代表性研究及其不一致性。

第二,关于建成环境对出行行为影响,存在以下几种争议:(1)一些混杂因素,如研究情境(research context)、社会经济属性特征和出行目的,造成不少研究结果的不一致性,从而引发人们对建成环境与出行行为关系研究结果的普遍适用性产生疑问(Nagel et al.,2008;Salvo et al.,2014;Ding,et al.,2017a;Lu et al.,2017;Cheng,et al.,2019b;Liu et al.,2021);(2)研究者们质疑建成环境对出行行为的影响程度,从而对建成环境干预措施在改变人们出行行为方面的有效性产生怀疑(Manville,2017;Stevens,2017);(3)学者们质疑建成环境与出行行为之间的关联形式(relationship shape),怀疑许多先前研究假设建成环境与出行行为之间存在线性或广义线性关系的结果的可靠性(Galster,2018;Tao et al.,2023)。在第二章中,我们将详细阐述这些争议。

三、中国情境——厦门

研究中国内部新移民的出行行为及其影响因素是十分必要和紧迫的,主要体现在以下两个方面。第一,不平衡的城市和经济发展导致了中国从农村到城市和从内陆到沿海的大规模国内人口迁移。根据第七次全国人口普查结果,到 2020 年底,农村—城市迁移人口的数量已达 2.49 亿。这些来自农村的外来务工人员通常从事着低工资、低技能的工作,加之受到户籍制度的限制,无法享受优质的医疗服务、教育、住房和其他社会福利,这使他们在城市中处于特别不利的地位(Gong et al.,2012;Shen,2013;Colas et al.,2019)。第二,尽管内部新移民在中国长期被官方称为"流动人口"(Li,2006),近年来越来越多的新移民开始在城市定居,特别是年轻一代新移民(如"80 后"、"90 后")(Connelly et al.,2011;Chen et al.,2016)。这一新趋势对中国城市的政策制定和基础设施建设带来了显著挑战。例如,城市和交通规划尽管在促进环境和社会可持续交通方面发挥了规范性作用(Ewing et al.,2001,2010),但如果只关注"优势人群"(如拥有本地户籍的人)的需求,而忽视新移民与本地居民之间的差异,势必会导致可持续发展的目标无法实现,并严重影响城市新移民的福祉和生活质量。

厦门位于中国东南沿海,是福建省的一个副省级城市。作为中国最早的经济特区之一,厦门经济和城市化水平在近几十年中迅速提高。此外,厦门被称为"海上花园",是中国最著名的旅游城市之一,以其壮丽的自然和历史景观以及宜居的生活环境而闻名。快速发展的经济、美丽的风景和宜居的环境使厦门成为中国内部人口迁移中最受欢迎的目的地之一。近年来,厦门的新移民人数迅速增长。根据第七次全国人口普查结果,截至 2020 年底,厦门的内部新移民总数约为 2715022 人。这表明厦门可以作为研究新移民出行行为的一个理想案例。厦门总面积约为 1700 平方公里,至 2020 年底常住人口为 5163970 万。厦门由六个行政区组成,即思明区、湖里区、海沧区、集美区、翔安区和同安区。其中,思明区和湖里区构成了厦门岛,也是厦门的中心城区,面积为 158 平方公里,人口为 205 万(占总人口的 49.8%),与其他四个区隔海相望。

除了作为大量内部新移民的目的地城市,厦门在交通基础设施和居民出行方式方面具有很强的代表性。具体而言,厦门与许多其他中国城市一样,具有较高的步行便利性。它拥有先进的公共交通系统[尤其是常规公交和快速公交系统(BRT)]。与中国其他城市的居民类似,厦门的居民中步行和骑行出行所占比例相对较高,公共交通的利用率也很高。另一方面,厦门近年来也经历了高密度的扩张,这与许多中国城市相似。此外,厦门的私家车拥有量和人们对驾驶的依赖程度也在持续增加。总之,作为一个典型的中国城市,厦门为研究内部新移民的出行行为提供了一个优秀的实验地。第三章将进一步介绍厦门的详细情况。

鉴于上述情况,本书以中国厦门为案例,运用传统统计方法和当前前沿的机器学习方法,旨在考察内部新移民和本地居民两组人群的出行行为及其与建成环境的关系,并对比其结果差异。本研究尝试在一定程度上填补现有研究中的空白,调和不一致的观点,并部分解决关于建成环境与出行行为关系的相关争议。研究结果将帮助我们更全面、深入地理解内部新移民的出行行为,构建相关知识基础,以支持发展中国家的城市和交通规划从业者及政策制定者提出有针对性的干预策略。

第二节 研究目标与问题

上述研究背景暗示了以下几点:尽管内部新移民面临潜在的交通劣势,但在发展中国家情境下,对他们出行行为的相关研究仍然不足;关于建成环境与出行行为之间关系的研究结果混杂,存在不确定性;关于建成环境对出行行为影响的争议和讨论依然存在。

总体而言,本书研究旨在部分填补有关内部新移民出行行为的研究空白,调和关于建成环境与出行行为的关联的不一致结果,并部分解决相关的研究争议。具体而言,本研究旨在实现三个研究目标。

第一,为更好地理解发展中国家情境下内部新移民的出行行为做出贡献。研究选择了出行频率、通勤方式选择和通勤时长三个维度,这些维度能够有效反映内部新移民可能面临的交通劣势,并与他们融入城市生活、提高福祉和生活质量密切相关。通过将内部新移民的这三个出行行为维度与本地居民进行对比,可以揭示内部新移民是否面临交通不平等及其程度。

第二,理清建成环境与出行行为之间复杂的关系,检验这些关系在内部新移民与本地居民之间是否存在差异以及差异的具体表现。研究进行三项实证分析,以出行行为的三个维度作为因变量,以建成环境(通过"5Ds"模型界定)作为关键自变量。在每项实证分析中,都会对内部新移民和本地居民进行比较。

第三,部分解决相关研究争议。即将开展的三项实证分析,将聚焦三种不同的方法论焦点,包括统计显著性、影响程度和关联形式。这三种方法论焦点将通过采用传统统计方法和机器学习方法进行检验。

上述研究目标被拆解并重新组合,然后分别在三项独立的实证分析中得到实现。具体而言,本研究试图深入探讨以下三组研究问题:

(1)内部新移民在四种主要出行方式(步行、骑行、公共交通出行和驾驶小汽车)上的出行频率是多少?这些频率与本地居民有什么显著差异?内部新移民在四种主要出行方式上的出行频率的影响因素(尤其是建成环境)与本地居民在统计显著性上有何差异?

(2)内部新移民在通勤时如何在三种主要出行方式(即活力出行、公共交通出行和驾驶小汽车)中进行选择?内部新移民的出行方式选择与本地居民有何不同?建成环境在预测通勤方式选择中是否比其他因素(例如社会经济因素)更为重要?建成环境对内部新移民出行方式选择的相对贡献与对本地居民的相对贡献有何不同?

(3)内部新移民的通勤时长是否显著长于本地居民?建成环境对内部新移民通勤时长的相对贡献与对本地居民的相对贡献有何不同?内部新移民和本地居民各自建成环境与通勤时长之间是否存在非线性关系?内部新移民与本地居民各自建成环境与通勤时长的关联形式有何不同?

此外,这三组研究焦点可以提炼出三个简明的关注点:

关注点 1:建成环境对出行行为影响的显著性(statistical significance)在不同社会群体之间的差异。

关注点 2:建成环境对出行行为影响的程度(效应大小)在不同社会群体之间的差异。

关注点 3:建成环境对出行行为影响的形式在不同社会群体之间的差异。

第三节　理论假设

为了便于对上述研究问题展开调查,本书提出了以下三项研究假设以供实证检验。

假设1:内部新移民的日均出行次数低于本地居民。内部新移民主要依赖步行和公共交通出行,而本地居民则主要依赖驾驶小汽车出行,他们较少步行或骑行。建成环境对本地居民出行频率的影响显著大于对内部新移民出行频率的影响。社会经济属性特征对两类社会群体的出行频率均有显著影响。

假设2:内部新移民在通勤时更依赖活力出行方式和公共交通,而非驾驶小汽车。本地居民在通勤时更多依赖驾驶小汽车和公共交通,而对活力出行的依赖较少。对于内部新移民和本地居民而言,建成环境在预测通勤方式选择方面的相对贡献大于社会经济属性特征。建成环境对本地居民通勤方式选择的相对贡献大于对内部新移民通勤方式选择的相对贡献。

假设3:尽管存在多种交通劣势,内部新移民的通勤时长短于本地居民。建成环境对本地居民通勤时长的影响程度(通过相对贡献来表征)大于对内部新移民通勤时长的影响程度。对于内部新移民和本地居民而言,建成环境与通勤时长之间存在明显的非线性关系。内部新移民与本地居民各自建成环境与通勤时长的关系形式(如斜率和阈值)存在明显差异。

第四节 研究意义

考虑到新移民在目的地国家或城市中所面临的各种社会经济劣势,如较低的收入、语言障碍、文化差异和制度性障碍,新移民可能遭受多重交通劣势,这十分不利于他们融入目的地国家或城市的生活,可能对他们的福祉或生活质量产生不利影响。基于这一思路,新移民的交通出行行为及其影响因素引起了研究人员、从业者和政策制定者的广泛关注。然而,当前学术界的主要关注点集中在西方的国际新移民上,而关于发展中国家情境下的内部新移民出行行为研究则相对较少。特别是在中国,改革开放四十多年来的快速城市化伴随着大规模的农村—城市和内陆—沿海人口迁移,越来越多曾被称为"流动人口"的内部新移民打算在城市定居,但对内部新移民出行行为及其决定因素的研究仍然极为有限。由于国际新移民与内部新移民之间的显著差异,以及西方国家与中国之间的背景差异(例如,西方的低城市开发密度和对小汽车的依赖与中国的高城市开发密度和对公共交通的依赖),基于西方情境得到的与国际新移民交通出行相关的研究结果不太可能适用于中国城市。此外,考虑到内部新移民与本地居民在社会经济属性特征、文化背景和制度性障碍方面的差异,仅基于本地居民或一般人群的研究结果来制定城市和交通政策可能会导致诸多问题。

鉴于上述情况,本书研究试图探讨内部新移民的出行行为,以一个典型的中国城市——厦门为例,阐明其与建成环境的关系以及与本地居民出行行为的差异。本书对交通和城市研究领域做了一些尝试,也取得了一些成果。

首先,本书研究是首个全面考察中国内部新移民多个出行行为维度与城市建成环境之间关系的研究。此外,通过将内部新移民的相关研究结果与本地居民进行对比,凸显了相同的建成环境对两类社会群体出行行为的不同影响。因此,本书填补了相关研究领域的空白。这些研究结果将有助于我们更全面、深入地理解发展中国家情境下的内部新移民的出行行为,以及建成环境与出行行为关联中的社会经济异质性。

其次,本书是对当前关于建成环境与出行行为关系研究结果中存在的不一致性和相关争议的及时和必要的回应。关于建成环境对出行行为影响的研究结果的不一致性与研究情境、社会经济属性特征以及出行目的的混淆或调节效应密切相关。通过特别关注具有不同社会经济属性特征的特殊社会群体,并明确识别出行目的,本书提供了细致且有针对性的实证证据,有助于调和不确定的研究结果。此外,通过利用先进的机器学习方法,本书有效应对了一些新出现的争议,例如建成环境对出行行为的影响程度(效应大小)和两者间的关联形式(非线性)。

最后,本书研究具有丰富的实践意义。第一,本研究有助于引起城市和交通规划从业者和政策制定者对内部新移民出行行为的关注,并帮助其理解区分不同社会群体的重要性和必要性,避免仅根据本地居民的呼声和需求做出决策。此外,本书为城市和交通规划从业者和政策制定者提供了制定有针对性的干预策略的依据,以减轻内部新移民面临的交通劣势,更好地满足他们的交通需求。例如,关于内部新移民出行频率的研究结果表明,应为内部新移民提供更理想的活力出行和公共交通基础设施。建成环境变量对通勤方式选择的相对贡献可以为相关政策干预提供干预优先级信息,而本书揭示的建成环境与内部新移民通勤时长之间的非线性关系则指示了减轻通勤负担的最有效的建成环境变量范围。

总之,本书为研究交通不平等和新移民的学者,以及关注内部新移民社会融合并希望提出干预措施以减轻内部新移民各种劣势、建设更具社会包容性和韧性的城市和交通规划从业者和政策制定者,提供了有价值的参考。

第五节 本书结构

本书共分为三个部分,第一部分聚焦理论和方法构建,第二部分致力于实证分析,第三部分对研究进行总结。将这三个部分进一步划分为七章,具体内容见图1.1。

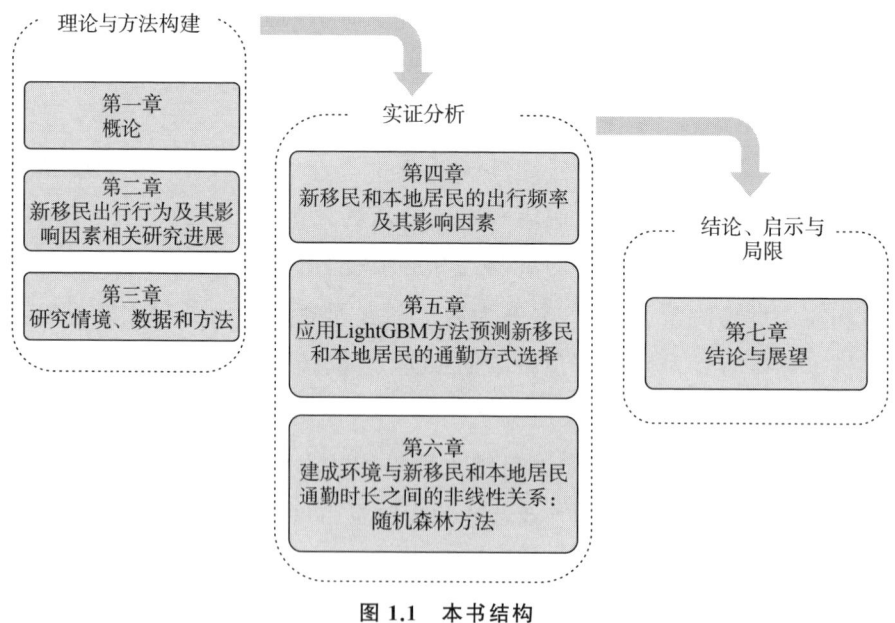

图 1.1 本书结构

第一部分由第一章至第三章构成。第一章介绍了研究背景、研究目标、研究问题、理论假设,并强调了研究意义。第二章回顾了与以下内容相关的文献:(1)新移民的出行行为;(2)建成环境与出行行为之间的关系,包括三个维度,即出行频率、通勤方式选择和通勤时长;(3)关于建成环境与出行行为关系的争议。随后,指出了相关研究领域的空白。第三章介绍了研究案例地、主要数据集、分析框架和主要分析方法,包括传统统计方法,如多层零膨胀负二项回归模型和多项逻辑回归模型,以及机器学习方法,如 LightGBM 模型(轻量级梯度提升模型)和随机森林模型。

第二部分由第四章至第六章组成。这三章呈现了建成环境对内部新移民和本地居民出行行为的三个维度(即出行频率、通勤方式选择和通勤时长)的影响。每章以简要介绍开始,接着详细描述数据和方法,然后进一步解释实证结果,最后以结论与展望结束。

第三部分,即第七章,总结了全书,讨论了关键的研究发现,提出了理论和政策启示,并识别了可能的研究局限。

第二章

新移民出行行为及其影响因素相关研究进展

本章全面回顾了与新移民出行行为以及建成环境与三个出行行为维度（包括出行频率、通勤方式选择和通勤时长）之间关系相关的文献。随后，针对建成环境与出行行为关系的几种争议进行批判性反思，包括普遍适用性问题、效应大小和关系形式等。最后，识别出相关研究领域的空白。

第二章 新移民出行行为及其影响因素相关研究进展

第一节 新移民的出行行为研究进展

由于发展不平衡、战争、气候变化或自然灾害,国际和国内人口迁移是当今时代的典型特征(Boyle et al.,2014)。在发达国家中,内部人口迁移的比例大幅下降,而国际人口迁移则占据主导地位(Fargues,2011)。相对而言,内部人口迁移在发展中国家仍占据主导地位(Bell et al.,2015)。总体而言,关于新移民出行行为的研究大多集中在国际移民身上,而对发展中国家内部新移民的研究则仍处于起步阶段。

美国是最大的国际移民目的地,研究人员广泛研究了迁居美国的国际移民的出行行为。研究发现,与本地居民相比,国际移民更倾向于通过驾驶小汽车以外的出行方式出行,例如步行、骑行、乘坐公共交通或"拼车"(Smart,2010;Chatman et al.,2013)。正如 Hu(2017)总结的,这一现象背后的原因可能包括三个方面:个人和家庭特征、定居地特征、文化和制度因素。

(1)个人和家庭特征:国际移民的个人或家庭收入通常低于本地居民,因此他们对于汽车的购买能力较弱(Blumenberg,2009)。此外,新移民可能缺乏驾驶小汽车的经验或能力。

(2)定居地特征:在移民首次抵达美国时,选择居住在所谓的"移民社区"(或移民飞地,如中国城、韩国城),即移民集中度高的社区,是他们非常普遍的选择。移民可以方便地在这些社区内生活、工作、娱乐和购物,因此对汽车的需求和依赖大大降低(Liu et al.,2012;Blumenberg et al.,2014;Smart,2015)。此外,移民社区能够提供熟悉的文化和丰富的社交网络,从而为"拼车"提供便利(Blumenberg et al.,2010,2014)。

(3)文化和制度因素:一些新移民可能来自非汽车文化的社区,习惯于环保的出行方式,他们可能会延续原有的出行习惯;同时,在某些州,(非法)新移民被禁止申请驾驶执照(Allen et al.,2020)。然而,新移民对上述环境友好的出行方式的倾向会逐渐减弱,他们可能开始接受本地居民的主流出行方式(即单独驾驶)。这种现象被称为"交通同化"(transportation assimilation)。当新移民变得更加富裕、获得更多的驾驶经验或更加习惯于本土文化时,这种同化现象就会发生。这种同化一方面是一个耗时的过程。目前尚无普遍共识确定新移民被完全同化需要多长时间。Tal 和 Handy(2010)发现,大多数新移民的出行方式在五年内即被同化为美国的典型出行方式(即私家车出行)。然而,一些研究者发现,即便经过了较长时间,新移民在出行方式上仍与本地居民存在显著差异(Chatman et al.,2013)。另一方面,这一"交通同化"过程的存在意味着新移民的出行行为不会立即对目的地国家或地区的特征及其发生的改变做出响应;相反,可能存在"时间滞后"效应(Liu et al.,2020)。

除美国之外,在一些发达国家,国际移民的交通劣势同样引起了学术界的关注。例如,Chung 等(2014)发现,在韩国,非技术性国际移民劳工经历了一定程度的交通引发的社会排斥。同样,在挪威的一项研究(Priya Uteng,2007)揭示,来自非欧洲地区的移民在出行方式上与本地居民有很大不同,并证实了社会排斥的存在。

中国是发展中国家的典型代表,在中国,国际新移民较为少见,而内部新移民则占主导地位。关于中国内部新移民出行行为的研究近年来开始逐渐得到研究者关注。有趣的是,即使同在中国内部,中国内部新移民的出行方式和所面临的出行劣势也不尽相同。例如,在北京,相较于本地居民,内部新移民的工作地可达性较差,通勤时间更长(Zhao et al.,2010a)。然而,在深圳和广州,研究发现内部新移民的工作可达性往往优于本地居民,并且常常通过步行、骑行或公共交通方式通勤(Lau et al.,2013;Li et al.,2016;Zhu,et al.,2017a)。这一现象的原因在于,深圳和广州的内部新移民倾向于居住在城中村或老旧社区,这些地方不仅离工作地更近,而且提供更便宜的住房。换句话说,这些社区的新移民忍受了较差的生活条件和可能存在的居住隔离,获取了更好的工作可达性、较低的出行费用和更高的房租承受能力(Zhu,2016;Liu,Huang,et al.,2018)。这样的社区(城中村或老旧小区)在某种程度上与发达国家的新移民社区相似。也有学者发现,新移民由于可支配收入较低,对较便宜的出行方式(如步行和骑行)的依赖性更高,基于此研究发现,他们呼吁为内部新移民提供更有针对性的交通服务(Guo et al.,2018)。Zhang et al.(2018)将内部新移民分为高技能和低技能两类人群,研究发现前者因为多重制度性障碍(如单位和户籍)而背负更重的通勤负担,而后者由于有足够的非正式住房供应,反而享有更好的职住平衡。这项研究进一步厘清了上述复杂的人群内部差异。

总之,无论是国际新移民还是内部新移民,他们的出行行为模式与本地居民均存在着显著差异。国际新移民通常经历交通同化过程,这意味着他们对目的地特征(如建成环境)的敏感性可能低于本地居民。内部新移民的出行行为具有什么特征?与本地居民有何差异?内部新移民的出行行为如何受到建成环境的影响?建成环境对内部新移民和本地居民的出行行为的影响是否不同?内部新移民是否经历与国际新移民类似的"交通同化"过程?他们的敏感性是否也较低?这些问题在过往定量研究中很少被探讨,尤其是在发展中国家情境下。因此,本研究试图填补这些空白。

第二节 建成环境对出行行为的影响

建成环境与人们出行行为之间的关联长期以来一直是城市与交通规划、公共健康和城市地理等多个学科的热门话题(Ewing et al.,2010;Giles-Corti et al.,2016;Wang et al.,2017)。在这一研究领域,由 Cervero 和 Kockelman(1997)提出的"3Ds"模型[密度(density)、多样性(diversity)和设计(design)]获得了广泛的关注和应用。"3Ds"模型概括了如何定量测度建成环境以及如何检验其与出行行为相关的指标(Ewing et al.,2001,2010)。此后,"3Ds"模型扩展为"5Ds",增加了目的地可达性(destination accessibility)和到公共交通站点的距离(distance to transit),随后又扩展到"6Ds"甚至"7Ds",增加了需求管理(demand management)和人口统计特征(demographics)(Ewing et al.,2010)。"Ds"模型已成为测度建成环境最常用的模型框架。本书研究采用"5Ds"模型来测量建成环境。

密度(density)通常用单位面积内的相关个体数量(例如,住宅、人口和职业)来表示(Chen et al.,2008)。多样性(diversity)指的是土地混合利用的程度,综合考虑主要土地利用类型的数量(例如,居住、商业、办公、娱乐和教育)及其在特定区域内的比例。熵指数(entropy)是测量多样性时最常用的指标(Ewing et al.,2010)。设计(design)指的是以行人为导向的设计,包括街道连通性(通常用三向或多向交叉口的密度来测量)、树荫和街区长度等(Frank et al.,2005)。目的地可达性(destination accessibility)指到达重要目的地(例如,中央商务区、就业中心和休闲设施)的便利程度,通常用对这些目的地的接近程度和交通便利程度进行测量。到公共交通站点的距离(distance to transit)可以被解释为公共交通可达性,通常用到公共交通站点的(直线或网络)距离或公共交通站点的密度来表示(Zhao,2013)。

以下将分别对关于建成环境对三大主要出行行为维度(即出行频率、通勤方式选择和通勤时长)的影响的最新文献进行回顾,其中,建成环境主要通过"5Ds"模型进行测度。

一、建成环境对出行频率的影响

尽管 Ewing 和 Cervero(2001)认为出行频率受到社会经济属性特征的影响大于受建成环境的影响,但建成环境(通常通过上述"5Ds"模型进行测度)对出行频率的影响仍然引起了持续的学术关注。然而,当前研究结果不尽相同。接下来将回顾和讨论近年来关于建成环境与出行频率相互关系的代表性研究。

一些研究将出行视为一个整体,并未区分不同的出行方式。例如,Tarigan 和 Kitamura(2009)研究了德国两个城市(哈雷和卡尔斯鲁厄)居民六种休闲活动的每周出行频率的影响因素,发现郊区居民每周的体育和娱乐出行次数显著高于城市居民。在另一项基于大马尼拉居民的研究中,Pettersson 和 Schmöcker(2010)关注老年人,发现人口密度对老年人整体出行频率具有显著正向影响。Böcker 等(2017)深入探讨了老年人的出行频率及其影响因素,并与年轻居民进行了比较。他们发现,无论是密度还是多样性,都与这两类人口群体的出行频率没有显著关联。

另一方面,更多的研究分别考察了建成环境与不同出行方式的出行频率之间的关联,考虑到了不同出行方式的特性。接下来,本书将根据四种主要出行方式(即步行、骑行、公共交通出行和驾驶小汽车)对代表性研究进行回顾。

(1)步行:在针对大亚特兰大地区的研究中发现,年轻人的步行频率与居住密度、土地利用混合度、街道交叉口密度以及商业和休闲空间的邻近度显著正相关(Frank et al.,2007a)。然而,Sehatzadeh 等(2011)在针对新泽西州的研究中发现,只有道路交叉口密度对步行频率具有显著正向影响,而其他建成环境变量(如人口密度、土地利用混合度和零售就业密度)的影响在统计上并不显著。他们还揭示,建成环境对步行频率的影响似乎不如汽车和宠物狗的拥有情况显著(Sehatzadeh et al.,2011)。Chan 等(2019)深入探讨了客观和感知建成环境对中国深圳市居民步行频率的影响及其交互作用。他们确认了一些建成环境变量(如社区可达性和目的地可达性)对步行频率的显著影响,但这些影响在不同的步行目的(即工作/上学、休闲/娱乐、与家务相关)之间有显著差异。

(2)骑行:Sallis 等(2013)在一项对西雅图和巴尔的摩的研究中探索了环境变量和社会经济属性特征与骑行频率之间的关联,结果显示,大多数邻里建成环境维度(如居住密度、土地利用混合度和街道连通性)与骑行频率的相关性不显著。相比之下,Ma 和 Dill(2015)认为,支持性的建成环境对骑行确实是必要的。具体而言,他们在对俄勒冈州波特兰地区的研究中,发现骑行道的存在、次要街道和零售就业岗位可达性与骑行频率显著相关。Porter 等(2020)进一步将骑行分为交通性骑行和休闲性骑行,并考察了它们在特拉维斯县(奥斯丁市)和杰斐逊县(伯明翰市)与环境的相关性。他们发现,大多数建成环境变量(如居住密度、人口密度、到公共交通站点的距离以及公园的邻近度)与交通骑行显著相关,而与休闲骑行的相关性则不显著。

(3)公共交通出行:一项专注于加利福尼亚州和纽约州老年人公共交通行为的研究(Hess,2009)显示,到公共交通站点的距离对老年人的公共交通出行频率有显著的抑制作用。同样关注老年人,Truong 和 Somenahalli(2015)发现,距公共交通站点的距离和公共交通站点密度对澳大利亚阿德莱德老年人的公共交通出行频率均有显著的影响(前者为负,后者为正),而到中央商务区的距离对老年人的公共交通出行频率的影响则不显著。Huang 等(2016)探讨了中国西安的公共交通出行倾向和频率,发现住宅区周围 800 米范围内的公交站数量能够显著增加通勤和非工作目的的公共交通出行频率,而社区 800 米范围内超市的数量则具有相反的影响。

(4)驾驶小汽车:Soltani 等(2018)发现,在伊朗的希拉兹,老年人使用小汽车的频率受到土地利用混合度的显著影响。然而,中国中山的一项研究(Zhang et al.,2014)则显示,土地利用混合度与驾驶频率之间的关系在统计学上不显著。不过,他们确认了街道网络密度对小汽车驾驶频率的显著正向影响,以及人口密度和工作地可达性对小汽车出行频率的显著负向影响。Oppong-Yeboah 和 Gim(2020)研究了加纳阿克拉的城市建成环境与小汽车出行频率之间的关联,发现到公共交通站点的更近的距离、土地利用混合度和连通性高的街道能够显著减少小汽车出行频率。

尽管关于建成环境与不同出行方式的出行频率之间的关联的实证研究成果丰硕,但确定相同的建成环境变量如何影响不同出行方式的出行频率仍然是一个挑战。鉴于此,一些研究者在单一研究中同时考察了建成环境对不同出行方式出行频率的影响。例如,Cao et al.(2009b)在一项基于北加州样本的研究中探讨了邻里建成环境对三种主要出行方式[即驾驶小汽车、公共交通出行和活力出行(步行/骑行)]对非工作目的下的出行频率的影响。他们发现,在控制了居住自选择效应(residential self-selection)之后,目的地可达性(具体而言,400 米范围内的商业类型数量)与小汽车驾驶频率呈负相关,而与步行/骑行频率呈正相关,并且到最近的电影院的距离与活力出行的频率显著负相关。Hong 和 Thakuriah (2018)在他们对格拉斯哥和克莱德谷规划区的研究中也同时考察了三种主要出行方式的出行频率。他们发现,与居住在小城镇和乡村地区的人相比,居住在大城市地区的人往往有显著更高的公共交通出行和活力出行频率,但小汽车出行频率较低。Gim (2011)基于韩国首尔的案例,并使用结构方程模型进行分析发现,密度、土地利用混合度、街道连通性和邻近度(目的地可达性)对公共交通和非机动车出行频率均有正面影响,但对驾驶频率则有负面影响。他们还揭示了建成环境变量对不同出行目的(即通勤、购物和休闲)出行频率影响强度的差异,并强调了区分出行目的的必要性。

总之,作为最受研究者关注的交通结果变量之一,出行频率及其与建成环境的关联吸引了广泛的研究关注。研究者重视区分不同的出行目的(如工作和娱乐)以及不同的人口群体(如老年人和年轻人)。此外,相关研究识别出多种计算出行频率的方法(将所有出行方式的出行视为相同或区分不同出行方式)。然而,实证研究结果并不一致,概括归纳此类关系的难度较大。此外,尽管有一些重要的例外,如 Cao et al.(2009b)、Gim(2011)、Hong 和 Thakuriah(2018)的研究,但同时考察建成环境对不同主要出行方式出行频率影响的综合研究仍然有限。

二、建成环境对通勤方式选择的影响

出行方式选择是出行行为中被研究得最多的出行维度(Ewing et al.,2001)。由于通勤行为是大多数城市居民最重要的日常出行行为,因此通勤方式选择也引起了广泛的学术关注,尤其是在近几十年。本小节回顾了 2000 年后探讨建成环境对通勤出行方式选择影响的代表性研究,并在表 2.1 中总结了它们的主要结论。此外,以下将对这些研究进行全面讨论,建成环境将按照五个维度(即 5Ds)进行划分,并分别呈现每个维度。

(1)密度(density):普遍认为,密度与选择驾驶小汽车之外的出行方式(即步行、骑行和公共交通出行)进行通勤的概率正相关,而与选择驾驶小汽车通勤的概率负相关,因为更高的密度有可能缩短住宅与工作地点之间的距离,从而使其他出行方式变得更可行和便利。然而,既有实证研究结果并不一致。例如,Munshi(2016)发现,人口密度在印度拉吉科特与步行和骑行通勤显著正相关。然而,Nasri 和 Zhang(2019)在其关注美国铁路车站区域的研究中揭示,人口密度显著降低了步行、骑行或小汽车通勤的概率,但增加了公共交通通勤的概率,这与 Munshi(2016)的发现大相径庭。Zhao(2013)发现,北京的住宅密度对公共交通通勤有显著负向影响,但对驾驶小汽车通勤没有影响;然而,Wang 等(2020)在对中国长春的研究中发现,居住地附近的住宅密度对公共交通通勤没有影响,但对驾驶小汽车通勤有显著负向影响。Van Acker 和 Witlox(2011)在对比利时根特市的研究中发现,居住地附近的工作密度与驾驶小汽车通勤显著负相关;但是,有研究发现居住地附近的工作密度在美国马里兰州的蒙哥马利县(Cervero,2002)和纽约大都市区(Chen et al.,2008)对驾驶小汽车通勤不存在显著影响。研究人员已经开始区分居住地附近和工作地附

表 2.1　建成环境与通勤出行方式选择之间的关联的研究总结（2000 年后）

5Ds	文献	解释变量	解释变量与通勤出行方式的关系[1]				研究区域	控制变量
			W	C	T	M		
密度 (density)	Cervero (2002)	人口和工作密度			$+^{R^2}/+^W$	$0^R/-^W$	美国马里兰州蒙哥马利县	是否有小汽车及驾照
	Chen 等 (2008)	工作密度				$0^R/-^W$	美国纽约大都市区	SES[3],是否有小汽车
	Van Acker 和 Witlox (2011)	工作密度				$-^R/0^W$	比利时根特市	SES
	Pinjari 等 (2011)	工作密度	$+^R/0^W$	$+^R$	$+^W$		美国旧金山湾区	SES
	Nasri 和 Zhang(2019)	人口密度	$-$		$+$		美国全域轨道交通站点区域	SES
	Zhao (2013)	住宅密度	$+$	$+$	$-$	0	中国北京	社区 SES
	Munshi (2016)	人口密度	$+^R/+^W$				印度拉吉科特	SES,自选择
	Wang 等 (2020)	住宅密度	$+^R/+^W$		$0^R/0^W$	$-^R/0^W$	中国长春	SES,是否有汽车

续表

	文献	解释变量	解释变量与通勤出行方式的关系[1]				研究区域	控制变量
			W	C	T	M		
5Ds	Wang et al.(2020a)	土地利用混合度				—	中国	SES,生活事件
	Etminani-Ghasrodashti 和 Ardeshiri(2016)	土地利用混合度	+	+	+	0	伊朗希拉兹	SES,工作特征
	Ding 等(2014)	土地利用混合度			$+^R/0^W$	$-^R/0^W$	美国华盛顿特区	SES,出行特征
多样性(diversity)	Zhang(2004)	土地利用混合度	$0^R/0^W$	$0^R/0^W$	0^R		美国波士顿	SES,出行特征
	Shen 等(2016)	土地利用混合度	$0^R/0^W$	$+^R/0^W$	$+^R/0^W$		中国上海	SES
	Yang 等(2021)	土地利用混合度				0	中国南京	SES,出行特征
	Yin 等(2020)	土地利用混合度	+	+			中国	SES,是否有小汽车,身体质量指数

续表

5Ds	文献	解释变量	解释变量与通勤出行方式的关系[1]				研究区域	控制变量
			W	C	T	M		
设计(design)	Zhao(2013)	主干道密度			+	+	中国北京	SES
	Sun 等(2017)	三向及以上道路交叉口比例				$-^R/0^W$	中国上海	SES
	Etminani-Ghasrodashti 和 Ardeshiri(2016)	街道密度	0	0	0	0	伊朗希拉兹	SES,工作特征
	Lu 等(2018)	道路交叉口密度	+		−	+	中国香港	SES
	Koohsari 等(2014)	街道连通性	+	+	−		澳大利亚阿德莱德	SES
	Nasri 和 Zhang(2019)	道路交叉口密度	+	+		0	美国全域轨道交通站点区域	社区 SES

续表

5Ds	文献	解释变量	解释变量与通勤出行方式的关系[1]				研究区域	控制变量
			W	C	T	M		
到公共交通站点的距离 (distance to transit)	Ye 和 Titheridge (2017)	公共交通可达性				$-^R/+^W$	中国西安	SES,出行态度
	Yang 等(2021)	地铁站距离	0	0	0	+	中国南京	SES,出行特征
	Etminani-Ghasrodashti 和 Ardeshiri(2016)	公交站距离		+	0	+	伊朗希拉兹	SES,工作特征
	Lu 等(2018)	地铁站距离	0	0	−	+	中国香港	SES
	Nasri 等(2020)	是否为 TOD（是则为 1,否则为 0)	+	+	+	−	美国华盛顿特区和巴尔的摩的 TOD 和非 TOD 区域	SES,自选择效应
	Van Acker 和 Witlox (2011)	到轨道交通站点的距离				$+^R/+^W$	比利时根特市	SES
	Zhang (2004)	到公共交通站点距离	0	0	0	0	美国波士顿	SES,出行特征

续表

5Ds	文献	解释变量	W	C	T	M	研究区域	控制变量
目的地可达性 (destination accessibility)	Zhao (2013)	到市中心的距离	0		+	+	中国北京	SES
	Etminani-Ghasrodashti 和 Ardeshiri(2016)	到CBD的距离		0	0	0	伊朗希拉兹	SES,工作特征
	Lu 等 (2018)	到市中心距离	−	−	+	−	中国香港	SES
	Ding 等 (2014)	到CBD的距离	−	−		+	美国华盛顿特区	SES,出行特征
	Yin 等 (2020)	到CBD的距离	$-^R/-^W$	$-^R/-^W$			中国	SES,是否拥有小汽车,身体质量指数
	Wang 等 (2020)	到CBD的距离			$-^R/0^W$		中国长春	SES,是否拥有小汽车

(注:1. 在通勤出行方式中,"W"表示步行,C表示骑行,T表示公共交通出行,M表示驾驶小汽车。2. "+"表示显著正相关,"−"表示显著负相关,"0"表示无显著相关性,空白表示该出行方式未纳入研究;R 表示居住地附近的建成环境变量,W 表示工作地附近的建成环境变量,未标明 R 或 W 的,表示该研究未考虑工作地附近的建成环境变量;3. SES 为社会经济状态变量的简称。)

近的建成环境,这也是原生建成环境与通勤方式选择关联的研究结果混杂的一个来源。例如,Cervero(2002)和Chen等(2008)均揭示,工作地点附近的工作密度对驾驶小汽车通勤有显著负向影响,而居住地附近的工作密度对驾驶小汽车通勤则没有显著影响。

(2)多样性(diversity):理论上,土地利用混合度(多样性)高意味着多种类型的城市功能相互邻近布局,从而导致较短的通勤距离。然而,与密度相关研究类似,关于土地利用混合度对通勤方式选择的影响的研究结果也尚未达成共识。例如,在美国华盛顿特区(Ding et al.,2014)和一项基于中国全国数据集的研究(Wang et al.,2020a)中,居住地附近的土地利用混合度与驾驶小汽车通勤呈现显著负相关。然而,在伊朗希拉兹(Etminani-Ghasrodashti et al.,2016)和中国南京(Yang et al.,2021),研究者发现土地利用混合度对驾驶小汽车通勤的影响并不显著。Etminani-Ghasrodashti 和 Ardeshiri(2016)揭示,土地利用混合度对步行、骑行和公共交通出行有显著正向影响;然而,Zhang(2004)发现,在波士顿,无论是在居住地还是工作地点附近,土地利用混合度与通勤方式选择均没有显著关系。区分居住地和工作地附近的建成环境也会导致一些不一致。例如,在美国华盛顿特区,研究发现居住地附近的土地利用混合度显著增加了公共交通通勤,减少了驾驶小汽车通勤,而工作地点附近的土地利用混合度对公共交通或驾驶小汽车通勤则没有影响(Ding et al.,2014)。研究发现,居住地附近的土地利用混合度与骑行和公共交通出行显著正相关,而工作地附近的土地利用混合度指标则与这两种出行方式的通勤关系均不显著。

(3)设计(design):良好的街道连通性(较少死胡同街道)和以行人为优先的街道模式可以为环境友好型出行方式(即步行、骑行和公共交通出行)提供便利,从而增加这些出行方式在通勤中的使用(Ding et al.,2021)。例如,研究发现道路交叉口密度与香港的步行通勤显著正相关(Lu et al.,2018),与澳大利亚阿德莱德的步行和骑行通勤也显著正相关(Koohsari et al.,2014)。Sun 等(2017)的研究表明,居住地附近的道路交叉口密度与驾驶小汽车通勤呈负相关;相比之下,在香港的研究发现道路交叉口密度与驾驶小汽车通勤呈正相关(Lu et al.,2018),而在美国各地轨道交通站点区域的研究中则发现道路交叉口密度对驾驶小汽车通勤的影响不显著(Nasri et al.,2019)。此外,Zhao(2013)揭示,北京的主干道密度与公共交通出行和驾驶小汽车通勤均呈正相关;而 Etminani-Ghasrodashti 和 Ardeshiri(2016)在伊朗希拉兹的研究则表明,街道密度对通勤方式选择没有显著影响。

(4)到公共交通站点的距离(distance to transit):理论上,到公共交通站点的距离(邻近度)或公共交通可达性,作为公共交通便利性的直接测度,应该对公共交通出行或其他环境友好型出行方式(即步行和骑行)的通勤出行行为产生显著影响。然而,与上述建成环境维度类似,关于到公共交通站点的距离与通勤方式选择的关系的实证研究结果也不一致。Nasri 等(2020)的研究显示,居住在以轨道交通站点为中心的 TOD(公交导向型发展)区域的居民,往往更多地选择步行、骑行和公共交通出行,而较少选择驾驶小汽车通勤。相比之下,研究发现,在伊朗希拉兹(Etminani-Ghasrodashti et al.,2016)和波士顿(Zhang,2004),到公共交通站点的距离与步行、骑行、公共交通出行、驾驶小汽车通勤之间没有显著相关性。Van Acker 和 Witlox(2011)的研究显示,到轨道交通站点的距离与小汽车通勤呈正相关,这与 Yang 等(2021)、Etminani-Ghasrodashti 和 Ardeshiri(2016)以及 Lu 等(2018)的研究结果一致;相反,Ye 和 Titheridge(2017)发现,工作地附近的公共交通可达性越高,通勤时驾驶小汽车的概率越大。

(5)目的地可达性(destination accessibility):目的地可达性通常使用到市中心或中央商务区(CBD)的距离进行测度。尽管城市蔓延在发达国家和一些发展中国家广泛存在,但在市中心或 CBD 仍然集中着大量的就业机会;因此,到市中心或 CBD 的距离仍对通勤行为产生重要影响。从理论上讲,距离市中心或 CBD 越远,潜在的通勤距离越长;因此,与市中心或 CBD 距离较远理论上应该会促进驾驶小汽车通勤。确实如此,在中国北京(Zhao,2013)和美国华盛顿特区(Ding et al.,2014)的研究中发现,到市中心的距离与驾驶小汽车通勤显著正相关。然而,在香港,Lu 等

(2018)揭示了相反的结果,即到市中心的距离与驾驶小汽车通勤呈现负相关。Etminani-Ghasrodashti 和 Ardeshiri(2016)发现,在伊朗希拉兹,到 CBD 的距离与驾驶小汽车通勤没有显著关联。此外,到 CBD/市中心的距离在中国长春(Wang et al.,2020)、香港(Lu et al.,2018)和一项基于中国全国数据集的研究中(Yin et al.,2020)与步行和骑行通勤显著负相关。然而,在伊朗希拉兹,到 CBD 的距离与活力出行(即步行和骑行)之间的关联被发现是不显著的(Etminani-Ghasrodashti et al.,2016)。此外,距离市中心或 CBD 的远近对公共交通通勤的影响也不明确,在北京(Zhao,2013)和香港(Lu et al.,2018)被发现为显著正相关,而在中国长春(居住地到市中心距离)(Wang et al.,2020)则呈负相关,在伊朗希拉兹无显著关联(Etminani-Ghasrodashti et al.,2016)。

通过以上讨论,我们可以得出两个结论。第一,关于建成环境与通勤方式选择之间的关联,实证证据混杂,尚未达成共识。第二,一些研究已开始比较居住地和工作地点附近的建成环境,并揭示其对通勤方式选择的影响差异,这也是结果不确定性的来源之一,凸显了对两者进行区分的必要性。然而,大部分研究仅关注居住地附近,而忽视了工作地点附近的建成环境。

三、建成环境对通勤时长的影响

研究人员广泛探讨了通勤时长与建成环境之间的关联,其中建成环境也主要通过"5Ds"模型进行描述。本小节对 2010 年后通勤时长与建成环境关联的代表性研究进行了回顾,并在表 2.2 中综合了主要结果。从表中,我们可以得出以下两个发现。

首先,尽管进行了大量研究,但关于通勤时长与建成环境之间的关联结果仍存在不一致。例如,Van Acker 和 Witlox(2011)以及 Dai 等(2016)均发现,较高的建筑或人口密度与通勤时长显著负相关,而更近期的研究,如 Jin(2019)、Zhu 等(2020)和 Sun 等(2020),则发现了相反的结果。这种矛盾背后的原因——正如 Sun 等(2020)所指明——可能在于:

表 2.2　建成环境与通勤时长之间关联的研究总结（2010 年后）

5Ds	文献	解释变量	解释变量与通勤时长的关系	研究区域/情境	是否暗示非线性？如果是，怎样暗示的？
密度(density)	Van Acker 和 Witlox (2011)	建筑密度	$-^1$	比利时根特市	否
	Antipova 等 (2011)	居住密度	$-/0^2$	美国巴吞鲁日地区	是，变量分段
	Yang 等 (2012a)	人口密度	$+$	美国 50 个大都市区	是，对数转换
	Dai 等 (2016)	人口密度	$-$	中国广州	否
	Jin (2019)	居住密度	$+$	美国芝加哥大都市区	是，对数转换
	Zhu 等 (2020)	居住密度	$+$	中国香港	是，对数转换
	Sun 等 (2020b)	居住密度	$+$	中国 56 个城市中的 148 个社区	是，二次幂转换
	Zhao (2013)	工作密度	$+$	中国北京	否
	Zhu 等 (2020)	工作密度	$-$	中国香港	是，对数转换

续表

5Ds	文献	解释变量	解释变量与通勤时长的关系	研究区域/情境	是否暗示非线性?如果是,怎样暗示的?
多样性(diversity)	Van Acker 和 Witlox (2011)	土地利用混合度	+	比利时根特市	否
	Antipova 等(2011)	岗位-职员比例	−	美国巴吞鲁日地区	否
	Zhao 和 Li(2016)	混合土地利用	−	中国北京	否
	Jin(2019)	职住平衡	−	美国芝加哥大都市区	否
	Sun Yin(2020)	职住平衡	+	中国 56 个城市中的 148 个社区	是,对数转换
	Sun 等(2016)	职住分离	+	中国 164 个城市	否
设计(design)	Jin(2019)	道路交叉口密度	−	美国芝加哥大都市区	否
	Sun 等(2016)	人均道路面积	+	中国 164 个城市	是,对数转换
	Zhu 等(2020)	道路密度	−	中国香港	是,对数转换
	Zhao 和 Li(2016)	主干道长度	−	中国北京	否

续表

5Ds	文献	解释变量	解释变量与通勤时长的关系	研究区域/情境	是否暗示非线性？如果是，怎样暗示的？
目的地可达性(destination accessibility)	Zhao (2013)	市中心的距离	+	中国北京	否
	Li 和 Liu(2016)	距 CBD 距离	+	中国广州	是，对数转换
	Zhu 等(2020)	距 CBD 距离	+	中国香港	是，对数转换
	Zhu 等(2017a)	到市中心距离	+	中国 4 个大型区域	否
	Sun 和 Yin(2020)	到商业中心距离	−	中国 56 个城市中的 148 个社区	否
	Zhao (2013)	公共交通可达性	+	中国北京	否
到公共交通站点的距离(distance to transit)	Zhu 等(2017b)	到公共交通站点的距离	−	中国 4 个大型区域	否
	Sun 等(2020)	公共交通站点邻近性	−	中国 56 个城市中的 148 个社区	否
	Zhao 等(2011b)	公共交通可达性	+/0	中国北京	是，变量分段
	Zhu 等(2020)	到轨道交通站点的距离	+	中国香港	是，对数转换

(注：1. "−"表示该变量与通勤时长之间存在负相关，而"+"表示存在正相关。2. "0"意味着在变量分段分析中，某些分段与通勤时长之间没有显著相关性。)

尽管较高的人口密度可能导致靠近就业地的概率增加，但它也可能造成拥挤和交通堵塞。工作密度和职住平衡是评估就业可达性的两个常用指标。一般而言，较高的工作密度和更平衡的职住关系与较短的通勤距离和时长相关（Antipova et al.，2011；Dai et al.，2016；Jin，2019）。然而，也存在不一致的情况。例如，Zhao（2013）在一项有关北京的研究中发现工作密度与通勤时长呈显著正相关。造成这种差异的可能原因是，高就业可达性可能会推高房价，从而迫使低收入人群居住得更远。Zhao（2013）发现，距市中心的距离与通勤时长呈正相关，而 Sun 和 Yin（2020）则揭示，靠近商业中心对通勤时长有负影响。公共交通邻近度与通勤时长的关系同样存在争议。例如，Zhu et al.（2017b）发现，在北京，到公共交通站点的较长距离降低了通勤时长，而 Zhu 等（2020）在香港则发现了相反的结果。

其次，所有研究均假设因变量和自变量之间存在预设（pre-specified）的关系形式。具体而言，大多数研究均假设通勤时长与建成环境之间存在线性关系，而少数研究者已经开始关注潜在的非线性关系。在暗示非线性关系的研究中，有些明确指出了非线性关系的存在。例如，Sun 和 Yin（2020）阐明了居住密度对通勤时长的非线性影响。而更多的研究仅隐含地暗示了非线性。在这两种情况下，潜在的非线性均处理得过于简单。本小节回顾和综合既有研究，识别出了三种暗示非线性的方法，包括变量分段、对数转换和二次幂转换。这些方法虽然与传统统计方法兼容且易于操作，但无法揭示更为细致的非线性关系。与之相比，机器学习方法提供了有前景的技术，可以有力地推动非线性关系研究。在下一节，我们将回顾近年来关于建成环境与出行行为之间非线性关系的研究。

第三节 建成环境与出行行为关联的争议

尽管关于建成环境与出行行为之间的关系的研究数量众多且成果丰硕,但目前仍存在争议。首先,调节建成环境与出行行为关系的混杂因素(如研究情境、社会经济状况和出行目的)使研究者们对建成环境与出行行为研究结果的普遍适用性产生怀疑。其次,研究者质疑建成环境对出行行为影响的效应大小(幅度),因此对通过建成环境干预措施改变人们出行行为的有效性产生怀疑。再次,学者们质疑建成环境与出行行为之间关系的形式。以下将全面讨论这三种主要争议及其他相关问题。

一、普遍适用性(generalizability)

关于建成环境与出行行为关联研究结果的普遍适用性,指的是某项研究中获得的结果可以应用于其他情况的程度。建成环境对出行行为影响的普遍适用性受到某些混杂因素的削弱,如情境、社会经济属性特征和出行目的。如前所述,这些混杂因素是建成环境与出行行为关系研究结果不一致的主要原因之一。以下将讨论这三种混杂因素所导致的研究结果差异。

(一)与情境(context)相关的异质性

情境是研究基于的环境或背景。情境通常包括建成环境的特征、经济发展模式和阶段、文化、意识形态、公共政策等。严格来说,几乎不存在两个完全相同的情境。不同情境下的人们通常面临不同的出行相关限制或促进因素,从而呈现出不同的出行方式和偏好,他们的出行行为可能与影响因素(特别是建成环境)之间存在不同的关联。

一些研究者开展了比较研究,深入探讨了不同情境下出行行为与建成环境之间的关系,从而明确揭示了情境差异。例如,Zhang(2004)在波士顿大都市区与香港这两个截然不同的情境中研究并比较了出行方式选择行为与建成环境之间的关系。其研究发现,在波士顿,交通出行的起点和终点附近的人口密度与通勤方式选择显著相关,而在香港,这两者对通勤方式选择并未表现出显著影响。Buehler(2010)则对比研究了德国和美国的出行行为及其影响因素,结果显示,即便在控制了社会经济因素和空间发展模式后,德国人对汽车驾驶的依赖程度仍低于美国人,而美国人则对运输成本(如汽油价格)表现出更强的敏感性。

在出行行为研究中,情境通常被二分为发达国家情境和发展中国家情境。广义而言,在发达国家情境下(尤其是北美和澳大利亚),经济高度发达,科技水平先进,城市化率高且稳定,低密度城市扩张普遍,城市居民的生活水平普遍较高,他们通常对小汽车驾驶依赖程度较高。相对而言,发展中国家情境(例如中国、印度或南美国家)则呈现出快速的经济和城市化增长率、大量人口、紧凑且高密度的建成环境模式,同时,公共交通、非机动出行方式和一些非正式出行方式普遍存在。然而,在一些发展中国家中,一些新的特征也开始显现。例如,在中国,一些城市经历了高密度扩张,正面临快速的机动化(Gao et al.,2016;Cao,2017)。由于发达国家情境与发展中国家情境之间的显著差异,基于发达国家情境获得的实证结果能否适用于发展中国家情境,尚存在疑问,反之亦然。

考虑到发达国家情境与发展中国家情境之间潜在的显著差异,许多研究者分别研究了建成环境对这两种情境下出行行为的影响,这些研究结果表现出不一致的情况(详见附录1)。

在发达国家情境下,建成环境对人们出行行为的显著影响已得到广泛确认。例如,在控制地理规模或其他混杂因素(如居住自选择、可达性和公共交通站点邻近性)后,研究发现人口密度仍显著促进非机动(步行和骑行)出行行为,并抑制小汽车使用(Chen et al.,2008；Winters et al.,2010；Cao et al.,2012；Hong et al.,2014)。也有研究表明,更高的土地利用混合度显著减少小汽车使用并增加步行(Zhang et al.,2012)。此外,大量证据表明,以行人为导向的设计与更多的步行和骑行相关(Berrigan et al.,2010；Marshall et al.,2010；Koohsari et al.,2014),而距离公共交通站点较近则与更多的活力出行和公共交通使用相关(Besser et al.,2005)。

然而,最近在发展中国家(地区)的一些研究报告了建成环境与出行行为关联的不一致结果。例如,Lu 等(2017)在中国香港的研究发现：城市功能多样性或行人导向的设计(以街道连通性为表征)与交通性或休闲性步行之间没有显著的统计相关性；而人口密度仅与交通性步行呈正相关,对于休闲性步行,则存在"倒U型"曲线。同样,Salvo 等(2014)以墨西哥成年人为研究对象,发现他们的中等至高强度身体活动(包括步行和骑行)与步行可达性(一个结合密度、多样性和设计的综合指标)以及公共交通可达性呈负相关。

(二)与社会经济属性特征相关的异质性

具有不同社会经济属性特征(例如年龄、性别、教育、工作技能以及个人或家庭收入)的人群,可能会表现出多样化的出行需求、偏好、态度、限制和资源。因此,许多研究已将社会经济属性特征识别为出行行为的重要影响因素。总的来说,研究者在出行行为研究中处理社会经济属性特征主要采用以下两种方法。

第一,许多研究聚焦于一般人群,将社会经济特征作为控制变量纳入出行行为研究,以剔除建成环境对出行行为的影响。如附录1所示,大多数具有代表性的研究在分析中纳入了社会经济属性特征。

第二,考虑到不同社会经济地位的人群的出行行为与建成环境之间的关系可能存在显著差异,越来越多的学者开始研究出行行为及其与建成环境的关系,并区分不同的人口子群体(例如老年人、儿童和低收入者),这些子群体是基于不同的社会经济特征进行划分的。例如,Cheng 等(2019b)以中国南京为案例,对比研究了老年人(60岁以上)和年轻成年人(18~59岁)的出行行为对居住地变动的反应。他们发现,在控制了居住自选择的情况下,老年人的出行频率和时长受到居住环境变化的影响显著大于年轻成年人(Cheng et al.,2019b)。他们还揭示,自选择效应对年轻成年人出行行为的影响大于对老年人出行行为的影响(Cheng et al.,2019b)。在波特兰进行的一项研究发现,建成环境与老年人步行倾向之间完全没有关联(Nagel et al.,2008),而另一项研究确认,儿童(11~12岁)的活力上学出行(步行和骑行)与出行距离、带信号灯的道路交叉口数量和街区密度相关(Mitra et al.,2012)。Mitra和Nash(2019)研究了建成环境如何影响加拿大多伦多男女学生的骑行概率。他们揭示了建成环境与骑行行为之间的性别相关差异。例如,家附近一公里内的商铺和骑行设施数量与女性的骑行倾向显著正相关,而对男性学生则没有显著影响。Wang和Cao(2017)考察了建成环境对居住在香港公共住房和私人住房的居民的出行行为的影响差异。居住地可以反映两类人群在社会经济地位上的巨大差异,因为香港私人住房远比公共住房昂贵。研究发现:私人住房居民的出行行为,如出行频率、出行时间、在家娱乐时间和汽车拥有率,受到建成环境(如密度和可达性)的显著影响;然而,建成环境对公共住房居民的出行影响则较小(Wang和Cao,2017)。

这类研究通过考察特定人群的出行行为及其影响因素,可以明确揭示建成环境与出行行为关联中的社会经济属性特征相关的异质性,从而为政策制定者提供有针对性的干预策略。本书比较了中国内部新移民与本地居民在出行行为及其影响因素上的差异,亦属于这一类别。

(三)与出行目的相关的差异

尽管存在一些分歧(Mokhtarian et al.,2001),但总体而言,出行行为是一种派生需求(derived demand),通常伴随特定目的,例如工作(即通勤)、上学、休闲和娱乐。不同目的的出行可能面临不同的(空间、时间和/或经济)限制和预算约束,因此,它们与建成环境之间的关联也可能存在差异。学者们在建成环境与出行行为的研究中普遍区分了不同的出行目的。

例如,Ding 等(2017a)发现,建成环境对通勤出行行为(如汽车行驶里程 vehicle miles traveles)的影响与对非通勤出行的影响显著不同。Etminani-Ghasrodashti 和 Ardeshiri(2016)探讨了工作出行与非工作出行的建成环境影响因素,发现尽管人口密度和工作密度均促进了这两种目的的活力出行,但土地利用多样性仅有利于工作出行,对非工作活力出行存在抑制作用。Yin 等(2020)发现,邻里密度、土地利用混合度和目的地可达性(如体育场、广场和银行)均对选择步行或骑行进行通勤有显著正向影响,而与中央商务区(CBD)的距离具有负向影响。Fan 等(2017)发现,人口密度、道路交叉口密度和公园可达性对城市地区的步行通勤具有积极影响。Liu 等(2021)比较研究了建成环境与工作出行和购物出行时的活力出行倾向之间的非线性关系,发现建成环境对工作出行的影响更大,而建成环境与购物出行之间的关联则比与工作出行的关联更为复杂。这些研究强调了在出行行为研究中区分不同出行目的的重要性。

二、效应大小(effect size)

建成环境对出行行为的效应大小引起了城市研究者和相关从业者的极大关注。Ewing 和 Cervero(2010)基于弹性(elasticity)概念研究了建成环境对出行行为的影响幅度——由建成环境指标的百分比变化而引起的因变量的百分比变化比率。他们发现,在不同的建成环境指标中,步行的加权平均弹性最大为 0.39,而驾驶的弹性仅为 0.22,其他弹性均要小得多。尽管如此,他们强调建成环境属性的"加总效应"(combined effect)可能相当大。在 Stevens(2017)更加近期的研究中,建成环境变量的效应也呈现出类似的趋势,其中驾驶的最大弹性为 0.63。Stevens 质疑建成环境干预在促进出行行为变化方面的有效性,并警告说,考虑到建成环境的"微小效应",对城市研究者和从业者而言,试图仅靠建成环境干预来改变出行行为可能并不明智。对 Stevens(2017)工作的批评屡见不鲜,学者们普遍认为他的结论基于对结果的不当解释,忽视了紧凑型开发(compact development)除了减少小汽车使用之外的多维度益处(Ewing et al.,2017;Handy,2017)。事实上,弹性只能在控制其他变量后用于估计单个变量的效应大小,且传统的弹性计算方式忽略了变量之间的交互效应。然而,由于建成环境变量可以协同作用,不同变量组合的综合效应往往会大于单个变量效应之和(Van Wee et al.,2016)。除了建成环境相对于其他因素(如社会经济属性特征)的综合效应外,各个建成环境变量各自的效应大小也引起了决策者的极大关注,因为构建或改变建成环境成本高昂,确定建成环境干预的优先级是现实且大有裨益的。

一些先进的机器学习方法(如梯度提升决策树和随机森林)的出现,有助于解决上述关于建成环境效应大小的问题,因为这些方法能够自动考虑变量之间的交互作用(Elith et al.,2008),并且具有相对较高的可解释性。例如,Tao 等(2023)的研究显示,建成环境在预测活力出行中的综合效应高达 68.8%,远高于社会经济属性特征的影响,其中公园邻近度是最重要的变量。Cheng et al.(2019a)发现,建成环境变量在出行方式选择的预测中总共占据 50% 的比重,其中,土地利用混合度贡献最大。相比之下,Zhang 等(2020)揭示,社会经济属性特征在预测汽车拥有率中扮演了更重要的角色,其中家庭收入的影响最大。然而,探讨建成环境对出行行为的效应大小在不同社会经济群体中的异质性的研究非常少。据我们所知,唯有 Adkins 等(2017)和 Forsyth 等(2009)的研究。前者发现,建成环境对优势群体的步行和身体活动的影响是对劣势群体的两倍;而后者则发现,身体不健康、失业和退休的人群受建成环境的影响更大。

三、形式(effect shape)

绝大多数现有文献假设建成环境与出行行为之间的关系呈线性或广义线性(如 n 次方和对数)模式。放宽线性或广义线性假设并探究建成环境的非设限的非线性效应的研究仍处于初步阶段。非线性关系的存在表明某一自变量的边际效应可能会随着自变量值的变化而增加或减少,这对城市政策制定具有深远的影响(Galster,2018)。鉴于此,考虑到假设建成环境与出行行为之间的关系为线性或某种广义线性的形式可能会过度简化甚至错误计算两者之间的真实关联,研究者们已经开始利用新兴的机器学习方法来检验建成环境对出行行为的非设限的非线性效应。

例如,Zhang 等(2020)基于梯度提升决策树(gradient boosting decision tree,GBDT)方法发现,在北京,汽车拥有量与地方和区域可达性变量(如居住密度、零售和服务密度以及到最近地铁站的距离)之间普遍存在非线性关系。Gan 等(2020)也使用 GBDT 方法探讨了建成环境与中国南京的地铁乘客量之间的关联,揭示了大多数建成环境维度(如人口密度、土地利用混合度和行驶距离)与乘客量之间呈现非线性关系。随机森林方法也常被用于探索建成环境与出行行为之间的非线性关系。例如,Zhou 等(2019)使用随机森林方法研究了共享单车使用倾向(相对于出租车而言)的影响因素,揭示了某些建成环境变量(如公园数量和距离)的非线性效应。Kim 等(2021)确认,在韩国首尔,到中央商务区(CBD)的距离与选择公共交通出行的概率之间存在非线性关系。Cheng 等(2020)使用随机森林方法发现,参与分析的大多数建成环境变量对老年人的步行时间具有非线性效应。这些研究揭示了建成环境对出行行为的非设限的非线性效应,放宽了建成环境与出行行为之间线性或预设形式的非线性假设,为政策制定提供了丰富的证据基础。

然而,关于建成环境对特殊社会群体出行行为的非线性效应的研究仍然十分有限,且目前尚无研究比较不同社会群体并揭示建成环境对出行行为的影响形式中的社会群体差异。本书旨在填补这一研究空白。

四、其他争议

除了上述讨论的争议来源外,正如 Hong 等(2014)所总结的,关于建成环境与出行行为关联的研究中还存在一些其他与方法论相关的争议,例如居住自选择(residential self-selection)和空间自相关(spatial autocorrelation)。这些争议也导致了建成环境与出行行为研究中的不一致和差异。以下简要回顾并讨论这两种类型的争议。

(1)居住自选择:进行建成环境与出行行为研究的主要动机之一是我

们可以改变人们的出行行为,例如,促进活力出行和公共交通出行,减少对驾驶小汽车的依赖,因此,通过干预建成环境的发展,我们可以减轻交通出行行为带来的不利影响,例如拥堵、环境污染和公共健康问题(Hong 等,2014)。这一动机是建立在建成环境与出行行为之间存在因果关系这一假设之上的。然而,大多数现有研究只能探究变量之间的相关性;与此同时,一些研究者指出居住自选择效应的存在,并质疑人们的出行行为在多大程度上可以归因于居住环境(Handy et al.,2005;Mokhtarian et al.,2008;Cao et al.,2009a;Scheiner,2010;Lin et al.,2017;Guan et al.,2019;Wang et al.,2019;Guan et al.,2020)。居住自选择意味着人们倾向于根据自己的出行需求、能力和偏好选择居住地。例如,喜欢通过活力出行或公共交通出行的人可能会选择居住在紧凑、适合步行和骑行且公共交通便利的地区,而那些更喜欢驾驶的人则可能选择居住在郊区。因此,两组人都能通过选择居住地进而选择自己喜欢的出行方式来更方便地出行。尽管研究者已经确认,即使在控制了居住自选择的影响的条件下,建成环境对出行行为仍具有显著影响(Cao et al.,2006;Frank et al.,2007b;Cao et al.,2012;Yang et al.,2019),然而,许多人依然认为忽视居住自选择可能会错误估计建成环境对出行行为的影响(Bohte et al.,2009;Cao et al.,2012)。

关于居住自选择在建成环境与出行行为关联中的作用,无论是在其存在性还是方向上,都存在不一致之处(Guan et al.,2020)。一些研究者发现居住自选择的影响微乎其微甚至趋近于无(Giles-Corti et al.,2013;Van De Coevering et al.,2016;Wang et al.,2019);许多人认为忽视居住自选择可能会高估建成环境的影响(Bohte et al.,2009;Cao et al.,2010;Cao et al.,2012),而另一些研究者则持相反观点(Liu et al.,2018a;Wang et al.,2019;Yang et al.,2019);还有一些人指出,居住自选择的影响在不同人群(如老年人和年轻人)之间显著不同(Cheng et al.,2019b),在不同家庭成员之间也存在差异(Guan et al.,2019)。

为了解决潜在的居住自选择问题,研究者们推荐采用纵向或面板数据分析(Cao et al.,2009a;Guan et al.,2020)。

(2)空间自相关:根据托布勒的第一地理法则"万物相联,但距离近者联系更紧密"(Tobler,1970),即彼此接近的事物可能具有相似特征。这一现象,即空间自相关或空间依赖,可能导致违反关于观测事物独立性的假设,从而削弱传统统计方法的可靠性和解释力。研究发现空间自相关在地理现象中广泛存在。

研究者们提出了一些方法来应对空间自相关,例如将空间连续性矩阵或观测位置之间的距离纳入分析,尤其是多层次建模(Hong et al.,2014)。在建成环境与出行行为研究中,数据往往存在嵌套或层级特性。例如,具有不同社会经济属性特征(如年龄、性别、收入和户口状态)的受访者被嵌套在社区或交通分析小区中,因此,他们中的一些人共享类似的建成环境特征。如果在分析中不考虑数据的层级结构,可能会导致型Ⅰ错误的增加,从而造成系数的有偏估计和统计显著性的错误。多层次建模区分了个体间和组间的方差,从而放宽了方差同质性的假设。

多层次建模在出行行为领域越来越受欢迎。例如,Zhang等(2012)利用多层次贝叶斯建模方法研究了建成环境对四个美国城市中的车辆行驶里程的影响。他们确认了紧凑型、多用途和小街区建设模式对车辆行驶里程的抑制效应,同时,揭示了这些效应在四个研究区域之间以及同一研究区域内的差异。Ding et al.(2017b)应用多层次风险模型研究了建成环境对华盛顿特区居民通勤距离的影响,证实了个体层面和交通分析小区(TAZ)层面因素的显著效应。此外,通过比较单层次和多层次模型的效果,他们发现多层次模型表现更佳。

紧跟这些研究,本书在第一项实证分析中,将多层次分析纳入了传统的零膨胀负二项回归模型,从而解决了空间自相关问题。

第四节　本章小结

根据上述对现有文献的回顾和讨论，可以归纳总结出关于中国城市内部新移民出行行为及其与建成环境关系的三个主要研究空白，以及其与本地居民的差异。

第一，当前针对新移民出行行为的研究主要集中在国际新移民，特别是在西方国家（如美国），而针对内部新移民的出行需求、约束和模式的学术研究十分有限，尤其是在发展中国家，对内部新移民出行行为的建成环境影响进行定量研究的文献较少，也缺乏与本地居民出行行为的比较。考虑到内部新移民与国际新移民之间在社会经济地位和个人技能上的潜在显著差异，以及他们可能面临的文化和生活方式差距，内部新移民和国际新移民的出行行为、交通同化过程以及与建成环境的关系可能会有所不同。因此，基于国际新移民的研究所获得的实证发现很难推广到内部新移民，尤其是在发展中国家情境下。此外，考虑到决策者通常仅根据本地居民的呼声与需求进行政策制定，深入探讨内部新移民的出行需求、约束和模式，并将其与本地居民进行比较至关重要，这将为政策制定者提供有针对性的干预策略奠定知识基础。

第二，现有关于建成环境对出行行为影响的研究产生了不一致和不确定的结果。对于选定的出行行为三个重要维度（即出行频率、通勤方式选择和通勤时长），目前在它们与建成环境的关系上并没有达成共识。这些不一致或差异主要源于诸如情境、社会经济属性和出行目的等因素的混淆、调节或中介效应。因此需要更深入的研究，重点关注发展中国家情境,比较不同社会群体,并考虑多样化的出行目的,以获取针对性政策制定所需的具体而细致的知识。

第三,新方法(例如机器学习)的出现带来了一些关于建成环境与出行行为关系的新争议,或使一些传统议题可以更方便、准确地得到解决,例如前述关系的幅度(效应大小)和形式。然而,目前尚未有研究专门解决内部新移民的出行行为的相关争议。

总之,新移民是城市中特殊且通常处于社会经济劣势地位的群体,他们的出行行为特别值得学者关注;尤其是关于发展中国家情境下的内部新移民的出行行为研究更为不足。此外,尽管关于建成环境与出行行为关系的研究成果丰硕,但仍存在显著的不一致性,因此需要进行更多基于特定情境、人群和出行目的的分析。此外,研究者们已借助新兴方法探讨关于建成环境与出行行为关联的一些传统或新争议,但内部新移民从未成为研究的焦点。

因此,本书以中国厦门为案例,结合传统统计方法和最先进的机器学习方法,定量考察了建成环境对内部新移民出行行为的影响,并将结果与本地居民进行比较,从而在一定程度上解决当前争议并填补研究空白。

第三章

研究情境、数据与方法

本章介绍了本书的研究设计。首先简要介绍了研究情境（案例地），即中国厦门，接着介绍了主要数据集。其次，构建了一个分析框架，阐明了主要概念、分析建模方法和研究问题（关注点）。最后，概述了主要分析方法，包括比较研究、传统统计分析方法、基于树的集成机器学习方法和地理信息系统。

第一节 研究情境——案例地

为了研究建成环境如何影响内部新移民和本地居民的不同维度的出行行为，本书聚焦两个研究区域，并使用两种类型的空间分析单元。研究范围涵盖整个厦门市，并将社区作为分析单元，调查出行频率（第一项实证分析，即第四章）；同时，研究还聚焦厦门岛，利用交通分析小区（traffic analysis zone，TAZ）作为分析单元，研究通勤方式选择和通勤时长（第二和第三项实证分析，即第五章和第六章）。

一、厦门全市及其社区

厦门作为中国东南沿海著名的旅游城市和经济特区，由于其快速的经济发展和城市化进程以及宜居的生活环境，成为中国内部新移民的热门目的地。近年来，厦门的新移民人口迅速增长。根据第七次全国人口普查结果，截至2020年底，厦门的内部新移民总数约为271.5万人。因此，厦门为研究和比较新移民与本地居民的出行行为提供了一个理想的实验场所。

截至2020年，厦门的总面积为1700平方公里，其中334平方公里为城市化区域，人口约为516.4万。厦门设有四级行政层级，即市—区—街道—社区/村（以下统称为社区）（见图3.1）。厦门有6个区，分别为思明区、湖里区、海沧区、集美区、同安区和翔安区。思明区和湖里区占据整个厦门岛，与其他四个区隔海相望。此外，在更低的行政层级，厦门分为审图号：闽S〔2024〕129号　　　　　　　　　　　　　　　　注：资料截至2024年6月。

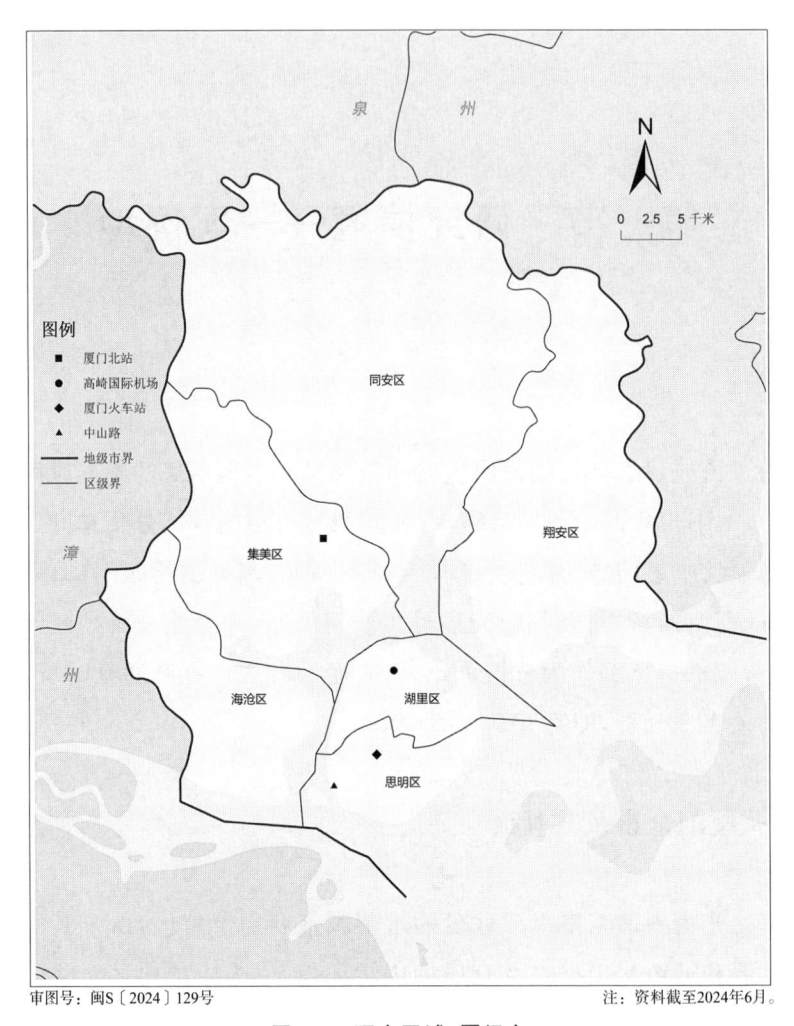

图 3.1　研究区域：厦门市

注：基于福建省标准地图（基本要素版）绘制，审图号：闽S〔2024〕129号，资料截至2024年6月。

508个社区；因此，每个社区的平均面积约为3.34平方公里。社区的规模与半径为1000米的圆形区域相似，这也是建成环境与出行行为研究领域中的常见空间分析单位（Marshall et al.，2009；Feng，2017）。因此，社区可以作为本研究中的合适分析单位。

二、厦门岛及交通分析小区(TAZ)

厦门岛是厦门市的核心区域,截至 2020 年底,面积为 158 平方公里,根据第七次全国人口普查结果,厦门岛常住人口为 211.0 万人(占全市人口的 40.9%),与其他四个区被海洋隔开。厦门岛是厦门市发展最为成熟和城市化程度最高的区域,整个厦门岛的城市化率达到了 100%,而其他四个区内仍存在农村地区。厦门的主要基础设施、公共设施以及大量的就业岗位均集中在厦门岛,这也是选择该地区作为研究居民通勤模式选择和通勤时长的主要原因。此外,整个城市被划分为 171 个交通分析小区(TAZ),其中有 80 个属于厦门岛。因此,厦门岛内的交通分析小区平均面积约为 1.98 平方公里,接近半径为 800 米的圆形的面积(即 2.01 平方公里),这也是建成环境与出行行为领域中常用的空间分析单元。因此,厦门岛内的交通分析小区可以作为我们分析的合适空间单位。而隔海相望的四个区的交通分析小区平均面积为 16.95 平方公里,面积过大,并不适合作为空间分析单位。这也是选择厦门岛作为空间分析单位以探讨通勤行为(模式选择和时长)与建成环境(在居住地和工作地附近)之间关系的另一个原因。图 3.2 展示了该岛的交通分析小区和一些主要基础设施。

审图号：闽S〔2024〕129号　　　　　　　　　　　　　　　　注：资料截至2024年6月。

图 3.2　厦门岛及交通分析小区(TAZ)[基于福建省标准地图(基本要素版)绘制]

注：基于福建省标准地图(基本要素版)绘制，审图号：闽 S〔2024〕129 号，资料截至 2024 年 6 月。

第二节 主要数据集

本书使用的数据包括三类:出行行为数据,从中获取居民的出行频率以及通勤方式选择和时长信息;社会经济属性数据,包括个人和家庭层面的信息;建成环境数据。

出行行为数据和受访者的社会经济属性特征数据均来自 2015 年厦门居民出行调查(TSXR2015)数据集。厦门居民出行调查由厦门市交通局、厦门市城市规划设计研究院和中国城市规划设计研究院共同设计和组织,是一项长期进行的出行行为调查,每 5～6 年进行一次。TSXR2015 基于人口普查报告中厦门居民的空间分布、家庭结构、年龄和性别结构设计了抽样方法,共发放了 120603 份问卷,回收了 96010 份有效问卷,其中 93812 份为有效问卷。在 93812 名被调查居民中,68770 名为本地居民,拥有厦门户口,25042 名为内部新移民,其户口所在地为其他省市。在中国官方表述中,外来新移民通常被称为"流动人口"。鉴于抽样率为 3.05%,有效回应率为 97.71%,TSXR2015 能够很好地代表厦门居民。

TSXR2015 记录了 93812 名受访者在问卷调查当天 24 小时内的所有出行(总计 219152 次),包括出行方式、持续时间、交通分析小区(TAZ)中的出发地和目的地以及出行目的。参与者来自 40201 个家庭,居住在厦门的 508 个社区中的 368 个。数据集还包含了个人的社会经济属性特征数据(如年龄和性别)和家庭数据(如居住面积和类型)。同时,记录了每个家庭居住的具体社区信息。

建成环境数据由厦门市城市规划设计研究院和厦门大学提供，主要是关于土地利用性质、交通基础设施和城市设计特征的数据。

本书的实证分析均基于厦门案例开展，分析框架如本章第三节所述，并在图 3.3 中进行说明。

第三节　分析框架

研究的分析框架（图 3.3）由四个部分组成，包括数据、关键变量、分析方法和研究问题（重点）。主要数据集和数据收集过程已在上一节中进行介绍。接下来，将简要描述剩下的三个部分。

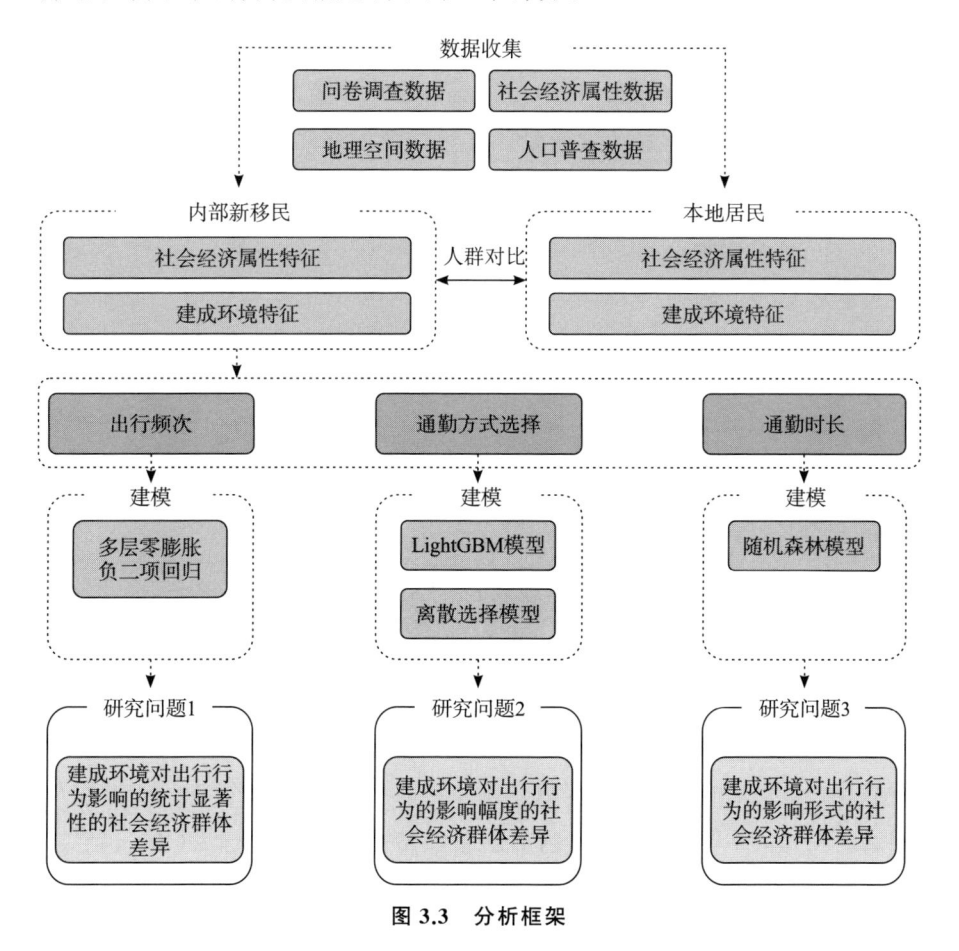

图 3.3　分析框架

分析中涉及的关键变量（或概念）包括社会人口统计信息、建成环境，以及出行行为的三个维度，即出行频率、通勤方式选择和通勤时长。

将TSXR2015的受访者根据其户口状态分为本地居民和内部新移民。具体而言，拥有厦门本地户口的受访者被归类为本地居民，而持有非本地户口的受访者则被视为内部新移民。如前所述，本地户口与多种社会福利密切相关，例如公共住房、优质教育和医疗服务，以及某些体制内工作的工作机会，这可能是中国城市中影响最大的制度性因素，对内部新移民的日常生活和融入有重要影响（Colas et al., 2019）。因此，根据户口状态识别内部新移民是一种合理的方法。除了户口之外，分析中还将其他常见的社会经济属性特征作为控制变量，包括个人特征，如年龄、性别、受教育程度和职业类型，以及家庭社会经济特征（如家庭规模、住房面积、住房性质和小汽车拥有情况）。通过将社会人口统计特征纳入分析，我们可以控制它们的混杂效应，从而单独识别建成环境的影响。

建成环境是分析的关键变量。在第二章中回顾和讨论大量研究的基础上，本书按照"5Ds"模型定量描述建成环境。具体而言，分析中涉及的建成环境变量包括人口密度、工作岗位密度、土地利用混合度（多样性）、街道交叉口密度（设计）、公交站点密度以及到市中心的距离。值得注意的是，对于三个实证分析，采用不同的空间分析单元来定量测量建成环境。在第一项分析中，重点关注出行频率，以社区作为空间单元；而在后两项分析中，分别关注通勤方式选择和通勤时长，采用交通分析区作为空间单元。此外，在后两项分析中，既考虑了居住地所在的TAZ的建成环境特征，也考虑了工作地点所在的TAZ的建成环境特征。

本书关注内部新移民和本地居民的出行行为的三个维度，即出行频率、通勤方式选择和通勤时长。出行频率在很大程度上反映和决定了内部新移民融入城市生活的程度。在相应分析中，出行频率通过受访者在调查日24小时内使用四种主要出行方式（即步行、骑行、公共交通出行和驾驶小汽车）所完成的出行次数来衡量。其他两项分析都聚焦通勤行为，因为通勤是大多数人，特别是内部新移民最重要的日常行为（Yang et al., 2016）。通勤方式选择在很大程度上体现了内部新移民的流动性或出行能力。在相应分析中,考虑了三种主要出行方式,即活力出行(步行或骑行)、公共交通出行和驾驶小汽车。第三项分析关注这两个社会群体的通勤时长。通勤时长与人们的通勤满意度、时间分配以及身心健康密切相关,因此值得特别关注。通勤时长使用受访者单程(从家到工作地点)出行所花费的时间来衡量。

本书所采用的数据分析方法主要包括两类,即传统统计分析方法和当前前沿的机器学习方法。前者包括多层零膨胀负二项回归和离散选择模型,后者包括 LightGBM 模型和随机森林模型。具体来说,在分析建成环境对出行频率的影响时,使用多层零膨胀负二项回归。为了分析通勤模式选择与建成环境之间的关系,采用离散选择模型和 LightGBM 模型进行比较。最后,随机森林模型用于检验建成环境与通勤时长之间的关联。下一节将详细介绍这些数据分析方法。

分析框架的第四部分阐明了三个研究问题:(1)建成环境对内部新移民和本地居民的出行行为的影响在统计显著性上有何异同?(2)建成环境对出行行为的影响幅度在内部新移民和本地居民之间有什么差异?(3)建成环境对这两组人群出行行为的影响形式有什么不同?简而言之,本书以出行频率、通勤方式选择和通勤时长作为因变量,旨在考察建成环境对出行行为的影响在显著性、效应大小(幅度)和形式上的社会群体差异。这三个研究问题对应于建成环境与出行行为领域中的三个突出学术争议或问题。

第四节 数据分析方法论

一、比较研究

比较研究(comparative study)是一种常用的方法,用于调查和揭示两个或多个事物之间的相似性和差异性。在本书中,比较研究方法的应用体现在以下几个方面。

首先,从整体上来看,本书考察了建成环境对两类社会群体(即内部新移民和本地居民)出行行为的影响,并在可行的情况下比较结果。通过与本地居民的比较,凸显了内部新移民出行行为的独特特征以及其与建成环境的关系。具体而言,本书分别为内部新移民和本地居民建立了多层次零膨胀负二项回归模型,纳入相同的因变量和自变量,以获取建成环境对出行频率影响的显著性方面的社会群体差异。同样,本书为这两类群体建立了 LightGBM 模型和多项逻辑回归模型,以获取建成环境对通勤方式选择的影响的效应大小方面的社会群体差异。最后,为这两类群体分别建立了随机森林模型,以得出建成环境对通勤时长的影响形式的社会群体差异。

其次,考虑到传统统计分析方法和新型机器学习方法各自的优缺点,本书在实证分析中同时使用这两种方法。特别是在关注通勤方式选择的分析中,同时应用 LightGBM 模型和多项逻辑回归模型比较所得结果,从而增强了结果的可靠性,并为确定哪种方法更优提供了参考。

二、传统统计分析方法

全书中,既使用了传统统计分析方法,又采用了机器学习等新方法。包括多层零膨胀负二项回归模型和经典离散选择模型(即多项逻辑回归模型),主要应用于第一个第二个实证研究。

多层零膨胀负二项回归模型用于估计建成环境对内部新移民和本地居民出行频率的影响。负二项回归模型是一种常用的广义线性回归模型,适用于因变量为计数数据(即 0、1、2 等)并服从负二项分布的情况。它实际上是另一种常用于计数数据的模型——泊松回归模型——的推广。负二项回归模型放宽了泊松模型的限制性假设,即计数数据的方差等于其均值。在某些情况下,当存在过多的零值观测值时,计数数据可能出现过度离散,普通的负二项回归模型可能无法准确估计因变量和自变量之间的关系。运用零膨胀负二项回归模型是解决这种情况的有效方法。此外,在本书中,建成环境变量在社区或交通分析小区(TAZ)层面进行测量,而受访者则嵌套在社区或交通分析小区中。换句话说,来自同一社区或交通分析小区的受访者共享相同的建成环境。数据的嵌套结构可能导致空间自相关问题,忽视这一嵌套结构可能会增加型 I 错误的风险。采用多层次分析可以解决这一问题。因此,引入了多层次零膨胀负二项回归模型。

本书使用离散选择模型来估计建成环境与内部新移民和本地居民的通勤方式选择之间的关系,并将结果与使用机器学习模型的结果进行比较。离散选择模型能够解释或预测从有限的、相互排斥的离散选项中做出的选择。出行方式选择是离散选择应用最为频繁的领域之一。离散选择模型基于效用最大化理论,它假设每个选择的效用是可能选项特征、做出选择的个人特征以及影响选择行为的环境特征的函数。根据选择数据的性质,离散选择模型可以分为声明偏好型(stated preference)、揭示偏好型(revealed preference)和混合型离散选择模型。在本书中,由于数据集记录了受访者过去的选择,因此使用了揭示偏好型离散选择模型。常用于离散选择建模的统计技术包括逻辑回归和 Probit 回归。多项逻辑回归模型是最常用的离散选择模型之一。

多层次零膨胀负二项回归模型和多项逻辑回归模型的具体模型细节和公式将在第四章第二小节和第五章第二小节中呈现。

三、基于树的集成机器学习方法

除了传统的统计分析方法外,鉴于建成环境与出行行为研究领域新争议的出现以及一些先进方法逐渐发展成熟,本书还采用了两种机器学习方法,即 LightGBM 模型和随机森林(random forest)模型。这两种模型都属于基于树的集成机器学习(tree-based ensemble machine learning)家族。接下来,首先简要介绍基于树的集成机器学习,并图示说明单棵决策树,然后分别描述 LightGBM 模型和随机森林模型,最后对这两种模型进行简要比较。

因其出色的预测能力、效率和广泛的适应性,基于树的集成机器学习方法是一类在机器学习和人工智能领域中颇受欢迎的方法。这些方法包括梯度提升(gradient boosting)、极端梯度提升(extreme gradient boosting)、轻量级梯度提升模型(LightGBM)、随机森林等。顾名思义,基于树的集成机器学习方法有两个关键元素:集成学习方法是核心技术,而决策树是基础模型。集成学习方法通过智能地结合一系列弱机器学习模型(weak learner)的结果来提高预测准确性并降低误差。常见的集成学习方法包括聚合(bagging)、提升(boosting)、堆叠(stacking)等。弱机器学习模型(或基础模型)可以是决策树、支持向量机和神经网络。其中,决策树因其高预测性能和良好的可解释性而成为最受欢迎的基础模型。

单一决策树将数据空间划分为一系列相互排斥的子区域。图3.4展示了一个单一决策树的示例,其中包含一个结果变量(或因变量)Y 和两个输入特征(或自变量)X_1 和 X_2。在这个示例中,空间通过四个分割点(即 a、b、c 和 d)划分为五个区域(即 S_1、S_2、S_3、S_4 和 S_5)。结果 Y 可以是连续变量或离散变量。相应地,决策树可以是回归树或分类树。在本书中，Y 可以是通勤方式选择（即离散变量）或通勤时长（即连续变量），而变量 X_1 和 X_2 可以是社会经济属性特征和建成环境变量。决策树根据其特征迭代地将因变量聚类到子区域中。划分的子区域将越来越小。这个过程持续进行，直到满足某些停止条件。对于分类树，子区域中的类别值即为预测结果；而对于回归树，子区域中因变量的均值将作为预测结果。

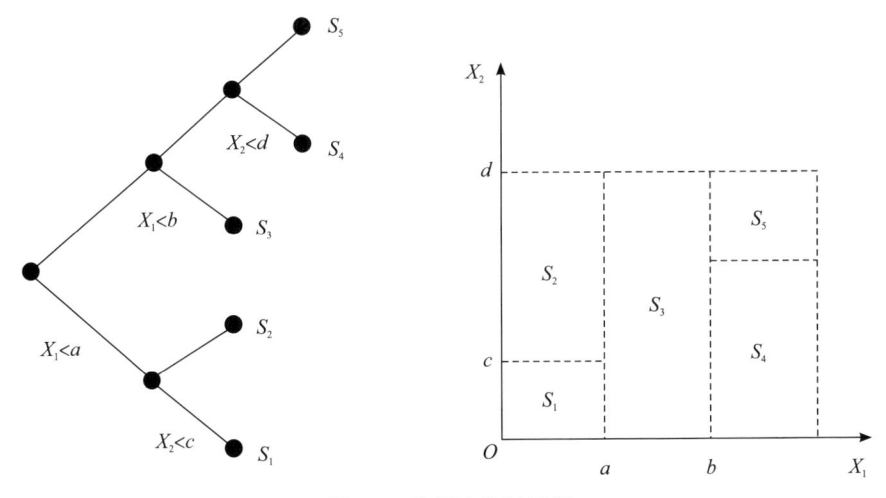

图 3.4　单棵决策树示例

LightGBM 方法是由 Ke 等（2017）提出的，本质上是一个先进的机器学习框架，可用于多种机器学习模型，包括梯度提升决策树。它能够更准确、高效地拟合梯度提升决策树。LightGBM 高效的原因在于它结合了一系列全新技术，如直方图和叶子生长策略、基于梯度的单侧抽样（gradient-based one-side sampling，GOSS）以及特征捆绑（exclusive feature bunding，EFB）。LightGBM 方法能够在不降低预测准确性的情况下，比以往框架快 20 倍来拟合梯度提升决策树等模型（Ke et al., 2017）。作为一种基于树的集成方法，LightGBM 方法有序地构建大量单棵决策树，并在此过程中综合所有树的结果。

相比之下，随机森林方法是由 Breiman（2001）提出的基于聚合技术的集成机器学习方法。作为另一种常用的基于树的集成机器学习方法，随机森林独立构建大量单棵决策树，并在最后通过平均或投票的方式综合它们的结果。随机森林随机选择观测值用于模型拟合,并仅随机选择部分自变量用于树节点的分裂。总体而言,随机森林方法具有优良的预测性能和可解释性,同时构建效率高且相对简单。

LightGBM 方法和随机森林方法都基于单一决策树和集成学习方法,二者均具有较高的预测能力和可解释性。这两种方法之间的主要区别体现在以下两个方面。首先,它们构建单棵决策树的方式不同。LightGBM 方法是按顺序构建单一决策树,每棵树都是基于上一棵树构建的。而随机森林方法则同时独立地构建一批单棵决策树,理论上每棵树之间没有关联。其次,它们综合单一决策树结果的方式也不同。LightGBM 方法在构建单一决策树的同时整合结果,而随机森林方法则在所有单棵决策树构建完成后再综合结果。

四、地理信息系统

地理信息系统(geographic information system,GIS)是一个用于捕捉、管理、分析和可视化各种空间数据的方法框架。在本书中,GIS 主要用于计算建成环境变量和绘制研究区域。例如,通过 GIS 的"计算几何属性"方法计算社区和交通分析区的面积,然后用其计算建成环境变量,如人口密度和就业密度。"空间连接"方法用于获取每个社区或交通分析小区内感兴趣对象的数量(例如就业职位和街道交叉口),进一步用于计算感兴趣对象的密度。"网络分析方法"和"寻找最短路径"方法用于构建街道网络,计算街道交叉口的数量,以及计算到交通站点和市中心的距离。

第五节　本章小结

本章介绍了本书所采用的研究案例地、研究数据和研究方法。

厦门是一个规模中等、拥有大量新移民、具有较大区域影响力的城市，对于我国众多中等规模城市具有较高的典型代表性，因此被选作本书的研究案例地。本章分别介绍了厦门城市概况以及本书研究所采用的两种空间分析单元"社区和交通分析小区"，这两种分析单元分别应用于第四章实证分析（社区）和第五、六章实证分析（交通分析小区）。接着，介绍了本书所采用的两类数据"厦门市居民交通出行调查数据和建成环境数据"。

为了揭示新移民在交通出行及其影响因素方面与本地居民的区别，本书采用了比较研究的视角和方法。本章首先以图示的方法呈现了本书的分析框架（包括数据、关键变量、分析方法和研究问题四个方面），之后较为详细地阐述了数据分析方法论，包括传统统计分析方法（多层零膨胀负二项回归模型和离散选择模型）、基于树的集成机器学习方法（LightGBM 和随机森林）、地理信息系统相关方法等。

第四章

新移民和本地居民的出行频率及其影响因素

本章呈现了首个实证分析。以厦门市为例，采用多层零膨胀负二项回归方法，比较了内部新移民和本地居民四种主要出行方式（即步行、骑行、公共交通出行和驾驶小汽车）的建成环境与出行频率之间的关系。结果显示：内部新移民的日均出行次数低于本地居民；尽管社会经济因素与两个社群的出行频率显著相关，但建成环境对内部新移民的出行频率的影响不如对本地居民明显。该发现暗示了内部新移民存在交通同化过程，并对政策制定者具有重要的启示。

第四章　新移民和本地居民的出行频率及其影响因素

第一节　出行频率研究的背景与意义

无论是国际新移民还是内部新移民,人口迁移现象在现代社会都十分显著(Boyle et al.,2014)。虽然在发达国家中,大规模的内部人口迁移速度有所放缓甚至停止,但在发展中国家,例如中国(Hu et al.,2008),内部人口迁移仍然占主导地位(Bell et al.,2015)。如第一章所讨论的,发展中国家的内部新移民通常面临各种社会、经济和制度上的劣势。关心他们并努力满足他们的各种需求,不仅对他们融入目的城市和提升生活福祉至关重要,也是构建包容社会和韧性城市的必要条件。在他们的多方面需求中,交通需求是基础,因为交通在很大程度上决定了个体是否能够便利和舒适地使用基础设施并开展基本活动(如工作、生活、学习和休闲)。

出行频率在很大程度上影响个体参与日常活动的能力(Roorda et al.,2010)。尽管新移民面临着由多重障碍或限制(社会、经济和制度)引起的明显的交通不便,但很少有研究调查他们的出行频率及其影响因素,更少有研究关注发展中国家国内新移民的这些问题。

此外,如第二章所强调的,尽管有许多研究探讨了建成环境对出行频率的影响,但结果仍不一致,同时,对不同的主要出行方式的出行频率进行综合探究的相关研究相对有限。

因此,本章以整个厦门市为例,采用多层零膨胀负二项回归方法,同时考察了两个社会群体(即内部新移民和本地居民)的四种主要出行方式(步行、骑行、公共交通出行和驾驶小汽车)的建成环境与出行频率之间的关系,并在可能的情况下进行比较。本章可以在一定程度上填补研究空白,并为政策制定者制定有针对性的干预措施提供参考。

第二节 变量测度与多层零膨胀负二项回归

本章以整个厦门市为例,以社区为空间分析单元(见图 3.1)。以下将详细阐述本章所设定的变量和采用的统计方法。

一、出行频率及其影响因素变量描述

(一)因变量

对于内部新移民和本地居民,分别设定了四个因变量,即调查日 24 小时内个体分别使用四种主要交通方式(即步行、骑行、公共交通出行和驾驶小汽车)的出行次数。在原始的 TSXR 2015 数据中,包含了 12 种出行方式,见表 4.1。为了定义和计算因变量,这些出行方式被汇总为四个新交通类别。这种分类考虑了每种出行方式的机动程度和使用者所需的身体活动量,摩托车属于机动车,在汇总时也归类于"驾驶小汽车"。接下来,计算每个类别的出行次数,并创建四个因变量,即步行(n)、骑行(n)、公共交通出行(n)和驾驶小汽车(n),其中 n 为非负整数。步行(n)表示某个个体在调查日 24 小时内进行了 n 次步行出行,其他三个变量同理。

第四章　新移民和本地居民的出行频率及其影响因素

表 4.1　出行方式的分类

新交通类别	TSXR 2015 数据集中的交通类别
步行	步行
骑行	自行车和电动自行车
公共交通出行	公交、BRT、单位客车、轮渡
驾驶小汽车	出租车、私人小汽车(自驾)、私人小汽车(搭乘)、摩托车、其他(机动出行方式)

(二)自变量

1.社会经济属性特征

个体的社会经济属性特征包括年龄、性别(以男性作为参考),受教育水平[分为三类,分别为初中及以下(作为参考)、高中到大专、本科及以上],职业类别[分为四类,分别为蓝领(作为参考)、学生、白领和公务员,见表4.2]。

表 4.2　职业类型划分

新职业类型	TSXR2015 数据集中的职业分类
蓝领(作为参考)	商业服务业相关人员,农业、林业、畜牧业、水产养殖业,生产及运输机械操作人员,退休人员,其他
学生	大、中、小学生
白领	专业人士、商务人士、军人
公务员	政府公务员、企业管理人员

家庭社会经济属性包括家庭规模[分为三类,即小型(1～3 人,作为参考)、中型(4～7 人)和大型(8～10 人)]、住宅面积(单位为平方米)、住宅类型[自有住宅(参考)、单位住宅(即中国的工作单位分房)和租赁住宅]以及小汽车拥有情况。遗憾的是,TSXR 2015 数据集未记录个人或

家庭收入,而收入是解释人们出行行为的常用变量。而住宅类型和面积、小汽车拥有情况以及职业类型通常与收入显著相关,因此在一定程度上可以代表和替代收入。

2.出行目的

关于出行目的,本章创建了一个虚拟变量(0 或 1),用于表示调查日 24 小时内个体所有出行中通勤出行是否占主导地位。在原始的 TSXR 2015 数据集中,每次出行都有一个出行目的,共有 11 种出行目的。为了简化分析,将出行目的重新分为两个类别,即通勤(包括上学、上班和从学校/工作地点回家)和非通勤目的(包括购物、娱乐、探访、陪伴和去医院等)。接下来,通过统计个体不同目的的出行次数来计算该虚拟变量。具体来说,对于某个个体,如果他/她的通勤出行次数大于非通勤出行次数,则他/她的出行目的被归类为"通勤占主导"(表示为 1)。否则,他/她的出行目的被标记为"非通勤占主导"(表示为 0,在统计模型中作为参考)。

(三)社区建成环境变量

社区建成环境变量的选择基于第二章对实证研究的回顾,包含所有 5Ds 变量。采用单一变量而非综合指标(例如可步行性),是因为单一变量更便于探究不同建成环境组成部分对居民的影响。表 4.3 列出了建成环境变量的描述和公式。特别地,土地利用混合度(多样性)的测量方法长期以来吸引着研究者的关注。典型的测量方法包括传统的熵指数(Frank et al.,1994)和差异指数(Cervero et al.,1997)。近年来,这些指数逐渐受到批判,且有学者提出了一些改编版本或全新指数。例如,Manaugh 和 Kreider(2013)提出了一种互动方法,考虑互补的土地利用类型相邻的程度。Guo 等(2017)创建了一种广义差异指数,可视为对传统差异指数的改进和推广。此外,Song 等(2013)对多种流行的土地利用混合度指数进行了批判性回顾和对比,并提出了传统熵指数的改编版本。具体来说,传统的熵指数之所以被认为存在问题,是因为它所依赖的假设——当所有土地利用均等分布时,土地利用是完美混合的——缺乏理论基础。在改编版本中,假设存在一个良好平衡的参考地理区域(如一个大都市区),并基于与参考地理区域的比较计算某一地区的熵指数(Song et al.,2013)。改编熵指数的计算过程包括三个步骤:(1)计算参考区域 Z 中每种土地利用类型 Z_i 的比例;(2)计算某一区域 X 中每种土地利用类型 X_i 的比例,并计算 X_i 与 Z_i 的商 P_i;(3)计算改编熵指数值。

表 4.3 建成环境变量的描述与公式

变量	描述	计算公式
人口密度	表示社区每平方米内人口数量	$\dfrac{\text{社区内人口数量}}{\text{社区面积}}$
工作密度	表示社区每平方米内工作岗位数量	$\dfrac{\text{社区内工作岗位数量}}{\text{社区面积}}$
土地利用混合度(熵指数更新版本)	表示土地利用类型的混合程度。共识别 14 种土地利用类型,包括市政管理、文化与体育、教育、医疗、福利设施、宗教、商业、开发空间、非建设用地、交通、工业、居住、城中村以及其他	以整个厦门市作为参考地域 Z, $Z_i = \dfrac{\text{第 } i \text{ 种土地利用类型的面积}}{14 \text{ 种土地利用类型的总面积}}$ 对于社区 X, $X_i = \dfrac{\text{第 } i \text{ 种土地利用类型的面积}}{14 \text{ 种土地利用类型的总面积}}$ $P_i = \dfrac{X_i}{Z_i}$ $\text{LUM} = \dfrac{-1 \cdot \sum\limits_{i=1}^{n} P_i \ln P_i}{\ln n} (n=14)$
道路交叉口密度	表示社区每平方米内三向及以上道路交叉口数量	$\dfrac{\text{社区内三向及以上道路交叉口数量}}{\text{社区面积}}$
距最近商业中心的距离	从社区中心到厦门市 3 个商业中心(即中山路步行街、莲坂、SM 广场)的最短距离	公式:无 单位:km
公交站点密度	表示社区每平方米内公交站点的数量	$\dfrac{\text{社区内公交站点数量}}{\text{社区面积}}$

二、统计方法

本章实证研究中的统计分析涉及描述性分析[例如方差分析(analysis of variance,ANOVA)]和统计建模。在统计模型方面,为新移民和本地居民分别构建了四个多层零膨胀负二项回归模型。选择零膨胀负二项回归模型有以下三个原因。首先,因变量是观察到的计数型变量$(0,1,2,\cdots,n)$。其次,因变量存在过度离散现象。通过在R语言中使用"qcc"包进行过度离散性检验,结果显示存在显著的过度离散现象$(p<0.001)$。再次,因变量中存在过多的零值(Yau et al.,2003)。零膨胀负二项回归模型的公式如下:

$$\Pr(Y_i=y)=\begin{cases}\phi+(1-\phi)(1+\kappa\lambda)^{-1/\kappa},\ y=0\\(1-\phi)\dfrac{\Gamma(y+1/\kappa)}{\Gamma(y+1)\Gamma(1/\kappa)}\dfrac{(\kappa\lambda)^y}{(1+\kappa\lambda)^{y+1/\kappa}},\ y=1,2,3,\cdots\end{cases} \tag{4.1}$$

$$\lambda=\exp(\ln\beta_0+\beta_1x_1+\beta_2x_2+\cdots+\beta_nx_n) \tag{4.2}$$

其中,Y_i是个体i通过某种出行方式的出行次数;ϕ是零膨胀系数(即额外零值的概率);κ是过度离散系数;$x_1,x_2,\cdots,x_n$是自变量;$\beta_1,\beta_2,\cdots,\beta_n$是系数。

使用多层次模型是基于本章中所用数据的结构。具体来说,在本章中,居民个体嵌套在社区中。因此,个体的社会经济属性特征在第一层进行处理,而社区的建成环境变量在第二层进行处理。公式如下:

第一层(居民个体层面):

$$y_{ij}=\beta_{0j}+\beta_{1j}x_{ij}+\varepsilon_{ij} \tag{4.3}$$

其中:y_{ij}表示居住在社区j的个体i的出行频率(步行、骑行、公共交通出行和驾驶小汽车出行次数);x_{ij}是社会经济属性特征的向量;β_{0j}是社区j中因变量y_{ij}的截距(第二层);β_{1j}是社区j中第一层自变量x_{ij}与因变量y_{ij}之间关系的斜率;ε_{ij}是第一层的随机误差。

第二层(社区层面):

$$\beta_{0j} = \gamma_{00} + \gamma_{01}\omega_j + \mu_{0j} \tag{4.4}$$

$$\beta_{1j} = \gamma_{10} + \mu_{1j} \tag{4.5}$$

其中：γ_{00} 是总体截距，即在所有自变量均为 0 时，各社区因变量值的总体均值；ω_j 是第二层的自变量向量，即社区建成环境变量；γ_{01} 表示因变量 y_{ij} 与第二层自变量 x_{ij} 之间的总体回归系数；μ_{0j} 是社区截距偏离总体截距的随机误差成分；而 μ_{1j} 是斜率的误差成分。如式(4.4)和式(4.5)所示，多层次模型涉及随机截距和固定斜率。未设定随机斜率的原因包括以下几点：(1)对于第一层变量(即社会经济属性特征)对居民出行行为的影响是否在第二层(即社区)之间存在差异，缺乏理论假设或先验知识；(2)本章更关注居民出行行为与其社会经济属性特征以及社区建成环境特征之间的关联，而非第一层和第二层变量之间的交互效应；(3)为了模型的简洁性。

第三节 模型结果及其解释

一、两类人群的出行行为

总体而言,每位受访者在调查日24小时内平均进行了2.31次出行,其中31.8%的出行方式是步行,略高于驾驶小汽车(30.5%)。公共交通出行是第三受欢迎的出行方式,占26.8%,而骑行似乎是最不受欢迎的出行方式,仅占出行方式的10.9%。

每位本地居民在调查日平均进行了2.32次出行,超过了新移民的出行次数(2.28次)。如图4.1所示,新移民最常用的出行方式是步行,其次是公共交通出行。相比之下,本地居民最常用的出行方式是驾驶小汽车。

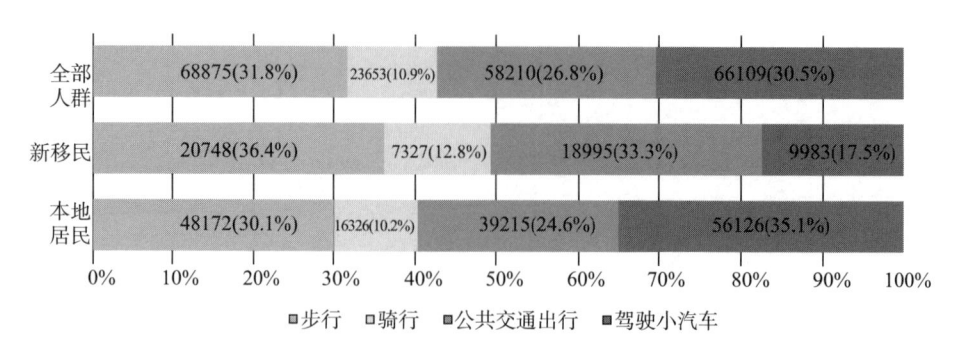

人群	步行	骑行	公共交通出行	驾驶小汽车
全部人群	68875(31.8%)	23653(10.9%)	58210(26.8%)	66109(30.5%)
新移民	20748(36.4%)	7327(12.8%)	18995(33.3%)	9983(17.5%)
本地居民	48172(30.1%)	16326(10.2%)	39215(24.6%)	56126(35.1%)

图4.1 不同人群步行、骑行、公共交通出行和驾驶小汽车的频次及比例

二、潜在影响因素的描述性分析

研究使用卡方检验和方差分析(ANOVA)比较本地居民和新移民出行行为的潜在影响因素。在变量方面,两类人群的潜在影响因素具有显著差异($p<0.001$,见表4.4和表4.5)。数据显示,与本地居民相比,厦门的新移民年龄普遍较小,受教育水平较低,小汽车的拥有率较低,并且从事的职业地位较低。此外,新移民居住在面积更小的住房中,所在社区的人口密度更高、土地利用混合度更高、工作密度更低、道路交叉口密度更低,且与最近商业中心的距离更短。

三、统计建模:本地居民和新移民出行频率的影响因素

表4.6展示了8个多层零膨胀负二项回归模型的结果。所有模型均具有统计显著性,并表现良好。显然,对于本地居民而言,大多数社会经济属性特征和建成环境变量都是步行、骑行和驾驶小汽车出行频率的重要影响因素。具体来说,女性或学生,以及来自相对大的家庭或没有小汽车的本地居民,往往更倾向于步行、骑行或公共交通出行,而驾驶小汽车的频率则较低。正如预期的那样,通勤目的抑制步行和骑行,却促进小汽车驾驶。同时,人口密度更高、土地利用混合度更高或距离商业中心更近的社区促进了这些活力出行方式和公共交通的使用,但抑制了小汽车的使用。更具体地说,社区人口密度从每公顷0～100人增加到101～300、301～600和601～900人,步行出行次数平均分别增加32%($=e^{0.28}-1$)、46%和42%,而小汽车使用分别减少5%、10%和9%。土地利用混合度每增加一个单位,步行增加82%,而小汽车驾驶减少16%。此外,距离商业中心每远离1公里,本地居民的步行次数减少2%,而小汽车使用增加1%。总体而言,这些结果与之前的研究结论及我们的直觉相吻合。然而,也存在一些不一致之处。一方面,在过往研究中被发现与出行行为显著相关的变量(例如工作密度、道路交叉口密度和公交站点密度)在本研

表 4.4 厦门新移民与本地居民的社会经济属性特征及建成环境属性对比（连续变量）

变量	全部人群		新移民		本地居民		p 值
	平均值	标准差	平均值	标准差	平均值	标准差	
年龄/岁	38.2	16.02	33.36	12.78	40.11	16.76	0.000
住房面积/m²	100.58	63.74	55.8	43.87	118.26	61.67	0.000
人口密度/(人·hm⁻²)	161.67	152.86	167.9	138.59	159.21	158.08	0.000
工作密度/(个·hm⁻²)	3.67	5.86	3.14	4.67	3.88	6.26	0.000
土地利用混合度	0.58	0.16	0.62	0.16	0.56	0.16	0.000
道路交叉口密度/(个·hm⁻²)	0.19	0.21	0.18	0.16	0.2	0.23	0.000
与最近商业中心的距离/km	10	9.16	7.64	6.52	10.94	9.86	0.000
公交站点密度/(个·hm⁻²)	0.59	0.69	0.54	0.57	0.6	0.73	0.000
样本量	79843		57243		22600		N/A

注：采用方差分析（ANOVA）检验统计显著性。

表 4.5 厦门新移民与本地居民的社会经济属性特征及建成环境属性对比(分类变量)

变量	百分比/%			p 值
	全部人群	新移民	本地居民	
出行目的				0.000
以通勤为主	61.3	66.7	59.1	
以非通勤为主	38.7	33.3	40.9	
性别				0.000
男性	50.7	51.6	50.4	
女性	49.3	48.4	49.6	
受教育程度				0.000
初中及以下	47.5	53.3	45.2	
高中到大专	37.9	37.7	38.0	
本科及以上	14.6	9.0	16.8	
职业类型				0.000
蓝领	65.5	71.6	63.2	
学生	11.3	9.4	12.1	
白领	20.1	16.7	21.4	
公务员	3.1	2.3	3.3	
住房类型				0.000
自有住房	69.1	17.0	89.7	
单位分房	1.0	0.9	1.0	
租住房	29.9	82.1	9.3	
家庭规模大小				0.000
1 至 3 人	30.4	45.4	24.5	
4 至 7 人	66.4	52.9	71.8	
8 至 10 人	3.1	1.7	3.7	
是否拥有小汽车				0.000
无	43.2	67.5	43.2	
至少 1 辆	56.8	32.5	56.8	

注:采用卡方检验评估统计显著性。

表 4.6 多层零膨胀负二项回归模型结果：本地居民与新移民的出行行为

变量	本地居民				新移民			
	模型1 步行 回归系数[z值]	模型2 骑行 回归系数[z值]	模型3 公共交通出行 回归系数[z值]	模型4 驾驶小汽车 回归系数[z值]	模型5 步行 回归系数[z值]	模型6 骑行 回归系数[z值]	模型7 公共交通出行 回归系数[z值]	模型8 驾驶小汽车 回归系数[z值]
第一层变量								
年龄	0.01***[16.54]	0.00[0.83]	−0.01***[−4.23]	−0.01***[−21.76]	0.01***[4.05]	0.01**[2.44]	−0.01***[−6.54]	−0.01***[−8.05]
性别								
女性	0.36***[23.99]	0.10***[4.77]	0.14***[11.10]	−0.50***[−33.51]	0.24***[13.58]	−0.01[−0.27]	0.05**[2.97]	−0.90***[−26.74]
受教育程度								
高中及以下	−0.29***[−15.61]	0.01[0.47]	0.19***[12.20]	0.05***[3.52]	−0.18***[−8.91]	0.00[0.26]	0.14***[6.87]	0.09*[2.47]
大学及以上	−0.58***[−19.10]	−0.28***[−6.10]	0.19***[9.70]	0.10***[4.55]	−0.38***[−8.45]	−0.30**[−3.59]	0.15***[4.76]	0.16**[3.12]
职业类型								
学生	1.18***[37.01]	0.05[1.33]	0.17***[6.83]	−1.03***[−31.49]	0.44***[13.19]	−0.00[−0.4]	0.10**[2.62]	−1.27***[−15.41]
白领	−0.22***[−8.03]	0.05[1.74]	0.03[1.70]	0.12***[8.06]	−0.10**[−3.05]	−0.04[−0.80]	0.04[1.69]	0.09*[2.40]

续表

变量	本地居民				新移民			
	模型1 步行 回归系数[z值]	模型2 骑行 回归系数[z值]	模型3 公共交通出行 回归系数[z值]	模型4 驾驶小汽车 回归系数[z值]	模型5 步行 回归系数[z值]	模型6 骑行 回归系数[z值]	模型7 公共交通出行 回归系数[z值]	模型8 驾驶小汽车 回归系数[z值]
公务员	-0.40***[-6.46]	-0.40***[-4.19]	-0.16***[-3.98]	0.28***[11.06]	-0.10*[-1.97]	-0.01[-0.05]	-0.22**[-3.13]	0.33***[5.58]
住房面积/m²	-0.01***[-3.48]	-0.00[-0.80]	-0.01***[-3.83]	0.01***[7.40]	-0.00[-1.12]	0.00[1.14]	-0.00[-0.77]	0.01***[3.39]
住房类型								
单位分房	0.03[0.58]	0.16[1.43]	0.07[1.32]	-0.03[-0.38]	0.11[1.19]	0.33*[2.27]	-0.03[-0.34]	-0.07[-0.46]
租住房	0.01[0.46]	-0.01[-0.21]	0.01[0.62]	-0.03[-1.09]	-0.01[-0.04]	0.10[1.89]	-0.08**[-2.64]	0.04[1.10]
家庭规模								
4至7人	0.03*[2.09]	0.16***[6.25]	0.03*[2.15]	-0.05***[-3.54]	0.07**[3.64]	0.19***[6.08]	-0.01[-0.64]	-0.07*[-2.24]
8至10人	0.02[0.53]	0.28***[5.40]	0.01[0.30]	-0.13***[-4.27]	0.12*[2.05]	0.12[0.89]	-0.01[-0.04]	-0.26**[-2.57]
是否拥有小汽车								
至少1辆	-0.18***[-10.72]	-0.09***[-4.05]	-0.31***[-20.92]	2.31***[76.96]	-0.14***[-6.94]	-0.24***[-5.32]	-0.35***[-14.15]	2.43***[60.94]

续表

变量	本地居民				新移民			
	模型1 步行 回归系数[z值]	模型2 骑行 回归系数[z值]	模型3 公共交通出行 回归系数[z值]	模型4 驾驶小汽车 回归系数[z值]	模型5 步行 回归系数[z值]	模型6 骑行 回归系数[z值]	模型7 公共交通出行 回归系数[z值]	模型8 驾驶小汽车 回归系数[z值]
出行目的								
以通勤为主	−0.70***[−34.00]	−0.08***[−3.58]	−0.00[−0.30]	0.09***[6.06]	−0.18***[−8.96]	−0.15***[−5.32]	0.00[0.07]	0.04[1.05]
第二层变量								
人口密度/公顷								
101~300	0.28**[2.96]	0.03[0.53]	0.12[1.80]	−0.05[−1.44]	0.07[1.15]	0.02[0.30]	0.08[1.28]	−0.01[−0.13]
301~600	0.38***[3.46]	0.02[−0.40]	0.08[1.08]	−0.10**[−2.67]	0.08[1.18]	0.08[0.89]	−0.02[−0.47]	−0.09[−1.29]
601~900	0.35**[2.66]	0.03[0.36]	0.05[0.54]	−0.09**[−2.65]	−0.02[−0.29]	−0.07[−0.66]	−0.01[−0.08]	−0.15[−1.94]
工作密度	0.00[0.18]	−0.02**[−3.20]	−0.00[−0.54]	−0.00[−0.06]	0.01[1.14]	−0.02**[−2.84]	−0.00[−0.28]	−0.01[1.52]
土地利用混合度	0.60**[2.99]	0.47**[3.99]	0.06[0.51]	−0.17**[−2.42]	0.18**[2.91]	0.25[1.18]	−0.05[−0.36]	−0.30*[−2.04]
道路交叉口密度	0.08[0.55]	−0.17[−1.66]	−0.10[−1.01]	−0.10[−1.48]	0.04[0.51]	0.39**[2.85]	0.06[0.68]	−0.16[−1.05]
距最近商业中心的距离	−0.02***[−4.70]	0.01**[4.45]	−0.03***[−9.07]	0.01***[9.71]	−0.01*[−1.97]	0.01**[2.96]	−0.01***[−3.62]	0.02***[5.76]

续表

变量	本地居民				新移民			
	模型 1 步行 回归系数[z 值]	模型 2 骑行 回归系数[z 值]	模型 3 公共交通出行 回归系数[z 值]	模型 4 驾驶小汽车 回归系数[z 值]	模型 5 步行 回归系数[z 值]	模型 6 骑行 回归系数[z 值]	模型 7 公共交通出行 回归系数[z 值]	模型 8 驾驶小汽车 回归系数[z 值]
公交站点密度	0.07[1.25]	0.05[1.52]	−0.01[−0.09]	−0.03[−1.49]	−0.03[−0.86]	0.06[1.13]	−0.00[−0.10]	0.06[1.56]
过度离散系数(κ)	1.997	1.001	1.001	1.488	1.001	1.001	1.001	1.924
零膨胀系数(ϕ)	0.256	0.880	0.546	0.195	0.507	0.836	0.461	0.133
赤池信息准则(AIC)	120234	54998.2	111235.2	123593.6	53340	26397.8	51768.8	28859.2
对数似然值(log-likelihood value)	−60091	−27473.1	−55591.6	−61770.8	−26644	−13172.9	−25858.4	−14403.6

注：* 表示 $p<0.05$，** 表示 $p<0.01$，*** 表示 $p<0.001$。

究中被发现并不显著；另一方面，违反直觉的是，骑行与工作密度显著负相关，而与距最近商业中心的距离显著正相关。

对于新移民而言，大多数社会经济属性特征对其出行行为来说也是显著的影响因素，这与上述对本地居民的分析相似。通勤目的同样抑制新移民步行和骑行，但对其使用公共交通或驾驶小汽车出行没有显著影响。此外，建成环境变量与新移民出行行为之间的关联，情况比其与本地居民更复杂。具体而言：距最近的商业中心较远可以促进新移民对小汽车的使用，但抑制步行和公共交通出行（距离最近商业中心每增加1公里，新移民的步行和公共交通使用都减少1%，而小汽车使用增加2%）；新移民骑行的频率受工作密度的负面影响，但与距最近商业中心的距离呈正相关。这些与本地居民相同。与本地居民不同的是，社区人口密度对新移民的出行行为并没有显著影响，公交站点密度也是如此；而道路交叉口密度仅显著影响新移民骑行。总之，本章的研究结果与之前研究之间存在一致性和差异。此外，建成环境变量对本地居民出行行为的影响显著大于对新移民的影响。上述一致性、差异及其潜在原因将在本章第四节中进一步讨论。

第四节 相关内涵及政策建议讨论

与美国的新移民类似,厦门的大多数内部新移民比本地居民更依赖步行和公共交通出行。然而,在这两种情境下,导致这种依赖的原因可能有所不同。在美国,新移民主要来自海外。这种依赖可能是由于原有的出行习惯、缺乏经验或驾驶技能,以及"新移民社区"的庇护效应(Blumenberg et al.,2014;Smart,2015)。而在厦门,这种依赖很可能是由于新移民受经济和制度限制。新移民往往从事低薪工作,通常需要将相当大一部分收入用于支持其在家乡的家庭,这进一步减少了他们的可支配收入。此外,由于没有本地户口,他们甚至可能无法在当地注册私家车。可以理解的是,这种依赖对城市规划者和政策制定者来说既是挑战,也是实现可持续交通的机遇。一方面,大多数新移民选择步行或公共交通出行是因为他们不得不这样做。因此,支持步行和公共交通出行的基础设施是否完善对他们的生活质量至关重要,并在很大程度上决定了他们是否能够很好地适应城市生活。另一方面,如果城市规划者和政策制定者能够进行具有响应性和前瞻性的规划,以满足新移民的出行需求,步行和公共交通出行的比例将有希望保持在一个较高的水平。

表4.5中的结果揭示了相同变量对本地居民步行和驾驶小汽车的混合影响。具体而言,在控制社会经济属性特征后,来自人口密度更高、土地利用混合度更高或距离商业中心更近的社区的居民,往往步行更多、驾驶私家车更少。这一发现与其他研究结果一致,如 Zhang 等(2012)、Hong 等(2014)、Winters 等(2010)、Chen 等(2008)、Cao 和 Fan(2012)的

研究。这一结果暗示，在一些国家，例如中国，尽管其城市的人口密度和土地利用混合度已远高于西方城市，但增加人口密度和土地利用混合度仍然能够促进步行和公共交通步行的使用，同时减少小汽车使用，至少对本地居民而言是如此。然而，许多过往研究表明的显著影响步行和驾驶小汽车出行的因素，如工作密度、道路交叉口密度和公交站点密度，与本地居民的步行或小汽车驾驶频率并没有显著相关。这一发现可能进一步证明了情境的显著性。厦门与中国许多其他城市相似，在城市形态、城市功能和基础设施的分布及其结构等方面与典型西方城市存在差异。例如，厦门的工作机会分布可能比西方城市更均匀，而后者的工作机会主要集中在中心区域（市中心）。因此，厦门的工作机会地理分布变化可能不足以显著影响本地居民的出行行为。此外，厦门的道路交叉口密度和公交站点密度远高于西方城市。因此，城市和郊区的密度的地理变化不足以显著影响本地居民的步行和驾驶行为。此外，在控制社会经济属性特征后，居民的骑行频率与工作密度呈负相关，而与距最近的商业中心的距离呈正相关。这一发现呼应了 Kemperman 和 Timmerman（2009）的研究结果，即人们在城市化程度较低的地区更频繁地使用自行车。这也可能是由于中心城区缺乏适合骑行的基础设施（例如标准自行车道和停车空间），而该地区人口密度更高，进而使各类出行方式的人均基础设施供应相对较少。此外，根据厦门政府政策，电动自行车在中心城区（思明区和湖里区）的使用受到严格限制。

与本地居民相似，某些变量对新移民的步行和小汽车使用频率产生了相反的影响。然而，与本地居民不同的是，新移民的出行行为总体上来说受到个体和家庭社会经济及人口统计特征的影响程度大于建成环境变量。尽管年龄、性别、受教育水平、职业和汽车拥有情况能够较好地预测新移民的出行频率，但建成环境变量似乎只有边际影响。一方面，本地居民与新移民之间的差异可能部分源于新移民在厦门的居住时间远短于本地居民，因此，厦门的建成环境（城市形态、结构和基础设施分布）对他们的生活方式和出行偏好的影响和塑造效果可能不如对本地居民那样显著、稳定和明显。这一发现或多或少呼应了"交通同化"过程和"时间滞后效应"(Tal et al.,2010)。另一方面,大多数新移民处于相对较低的社会经济地位,其中71.6%的新移民从事蓝领工作,超过三分之二的新移民没有小汽车。因此,缺乏交通资源的制约效应可能超过建成环境在影响新移民出行行为上的塑造效应。此外,82.1%的新移民在厦门没有住房(见表4.5)。因此,大部分新移民在房租和通勤成本(时间和金钱)之间面临权衡取舍,这可能会调节建成环境对新移民出行行为的影响。本章研究结果还证实了出行目的对出行行为的影响。对于本地居民和新移民来说,通勤目的会抑制步行和骑行,这表明作为一种交通方式,选择步行或骑行的人往往在时间约束较少的情况下选择完成此类出行。此外,通勤目的会促进本地居民的驾驶行为,但对新移民则没有影响。这一发现意味着,对新移民来说,出行目的的影响可能被出行资源的可用性所掩盖。

当前研究与过往研究之间的差异与一致性值得讨论。例如,Guo 等(2018)的开创性研究探讨了内部人口迁移对中国人出行方式选择的影响,这激发了我们探讨中国内部新移民和本地居民出行行为差异的兴趣。研究与 Guo 等(2018)工作的区别在于,本章研究更加关注社区建成环境的影响。两项研究都发现,新移民的家庭小汽车拥有率相对较低,这迫使新移民依赖步行或骑行。Guo 等(2018)发现,公共交通可达性在出行行为中发挥了重要作用,而本章研究并未确认这一发现。

第五节　本章小结

总体而言,本章实证分析通过以厦门全市为案例地,并采用多种统计方法,阐明了内部新移民与本地居民在出行行为及其决定因素方面的显著差异,从而为现有文献做出了贡献。

本章研究确认,新移民的社会经济地位明显低于本地居民。同时,新移民的日均出行频次少于本地居民,且更依赖于活力出行和公共交通出行。这一发现意味着,为活力出行和公共交通出行提供更理想的基础设施,不仅可以促进交通系统的可持续性,还可以更好地满足新移民的交通需求。这有助于新移民更好地适应城市生活,从而减轻他们所面临的交通不公正。在出行行为的影响因素方面,本地居民与新移民之间存在很大差异。对于本地居民,大多数社会经济属性特征和建成环境变量都是重要的决定因素。然而,新移民的出行行为更多受到社会人口变量的影响,而非社区建成环境变量,这可能与"交通同化"效应有关。因此,城市和交通规划者以及政策制定者应考虑本地居民与新移民之间的差异和不一致,努力制定具有针对性的政策干预措施,并避免仅根据本地居民的声音做出决策。

本章研究仍然存在某些局限性,值得进一步研究。第一,本章所使用的出行数据为自我报告数据,可能存在错误或不准确。一些常用变量,如收入和居住密度,并未纳入研究。不过,这些变量可以部分由其他变量表征和替代。例如,收入可以部分通过职业类别或居住类型及规模来替代。此外,心理变量(如态度和偏好)未被考虑。第二,由于原始数据中观察数量较少,人力和电动自行车的出行次数被合并。尽管电动自行车的使用在一定程度上也涉及身体活动,类似于人力自行车,但对这两种出行方式的影响因素分别进行分析是非常重要的。第三,本章研究为横断面研究,因此只能检测到变量之间的相关性,而非因果关系。未来的研究可以利用新移民和本地居民出行行为的纵向或面板数据,深入探讨建成环境对出行行为的影响,并推导相应的因果关系。同时,这些数据也可被用来进一步探索在发展中国家(如中国)情境下新移民的"交通同化"过程和"时间滞后效应"。

第五章

应用LightGBM方法预测新移民和本地居民的通勤方式选择

本章呈现了第二个实证分析。此分析聚焦厦门岛，利用 LightGBM 模型，深入对比探讨了建成环境对内部新移民和本地居民通勤方式选择预测的影响程度。随后，采用传统统计方法，即多项逻辑回归模型，对机器学习模型获得的结果进行验证。结果显示，建成环境对本地居民通勤方式选择的影响大于对内部新移民通勤方式选择的影响。这一发现直接支持了内部新移民"交通同化"过程的存在。LightGBM 模型的结果与多项逻辑回归模型的结果大体一致，并提供了建成环境变量的重要性排序。

第五章 应用 LightGBM 方法预测新移民和本地居民的通勤方式选择

第一节 通勤方式选择研究的背景与意义

对于大多数新移民而言,其出行目的主要以通勤为主,非通勤出行相对较少且类型单一(Yang et al.,2016)。因此,预测新移民的通勤方式选择并识别其影响因素,对研究人员和政策制定者,特别是发展中国家的相关人士来说,具有重要的意义。在学术界,部分研究已关注新移民的出行行为,尤其是国际新移民的出行方式、新移民社区和交通同化过程(Smart,2015;Hu,2017)。然而,对发展中国家的内部新移民通勤方式选择的关注仍相对较少。内部新移民在社会经济地位、文化背景和制度限制方面与国际新移民有所不同,因此对内部新移民的出行行为及其影响因素进行独立研究是十分必要的。此类研究的结果将帮助我们制定更合适的规划和政策,以满足内部新移民的基本出行需求。

此外,尽管近年来关于建成环境对出行行为影响的研究蓬勃发展,但对于这种影响的幅度(效应大小)仍然存在争议和不确定性。一些研究者质疑通过改善建成环境来改变出行行为能带来的效果(Stevens,2017)。由于城市实践者面临预算限制,可能不得不优先考虑某些建成环境维度,因此亟须厘清各个建成环境变量或维度的相对影响。然而,关于建成环境整体效应和各建成环境变量对出行行为的相对影响的研究仍然有限。尤其是,极少有研究探讨建成环境对出行行为的影响幅度是否以及如何因不同社会群体而异;据我们所知,尚无研究关注这一问题对新移民群体的影响。明确建成环境对出行行为的影响幅度可以为政策制定者提供清晰的预期,使其了解通过建成环境干预可能带来的交通相关效益,同时为建成环境干预的优先层次提供指引。阐明建成环境影响在不同社会经济群体中的差异还可以为政策制定者提供更细致的见解，以便其提出针对特定社会群体的政策。

因此，本章以厦门岛为例，运用先进的机器学习方法——LightGBM模型——预测本地居民和内部新移民的通勤方式选择，并在可能的情况下将其结果与经典离散选择模型——多项Logit(MNL)模型的结果进行比较，重点考察建成环境对通勤方式选择预测的影响程度。具体而言，本章旨在回答三个研究问题：(1)建成环境在预测通勤方式选择中是否比其他因素（如社会经济因素）更重要？(2)建成环境对内部新移民的通勤方式选择的相对贡献与本地居民有何不同？(3)如果我们使用两种模型——LightGBM和MNL模型来回答(1)和(2)，结果是否会存在差异？

本章在以下3个方面对现有文献做出了贡献：(1)提出了内部新移民和本地居民在通勤方式选择及其差异方面的新见解，并展示了建成环境整体及其各个变量/维度的影响幅度；(2)利用LightGBM模型高效地预测多类别出行方式选择，进一步确认其在预测准确性和相对贡献计算方面的优越性；(3)为政策制定者提供了针对特定人群的政策启示。

第二节 变量测度与 LightGBM 方法

本章基于厦门市中心区域,即厦门岛,以交通分析小区(TAZ)为空间分析单元进行研究,图 3.2 展示了厦门岛及其交通分析小区。以下将详细介绍本章使用的变量和分析方法。

一、通勤方式选择及其影响因素变量描述

因变量是一个分类变量(0、1、2),其中 0 表示通过活力出行(即步行或骑行)方式完成通勤出行,1 表示通过公共交通完成,2 表示通过驾驶小汽车完成。表 5.1 展示了新移民和本地居民的通勤方式分布。新移民的通勤主要依赖活力出行和公共交通,而仅有 13.3% 的新移民驾驶小汽车通勤。相比之下,本地居民驾驶小汽车通勤的比例较高。对于两组人群而言,公共交通出行均是最常用的通勤方式,占比约为 40%。

表 5.1 新移民与本地居民的通勤方式分布

出行方式	出行方式占比/%	
	新移民	本地居民
活力出行	43.18	26.84
公共交通出行	43.52	39.99
驾驶小汽车	13.30	33.17

分析中涉及了三类自变量,即出行特征、社会经济属性特征以及居住

地和工作地交通分析小区的建成环境特征。表 5.2 和表 5.3 是自变量的描述性统计。与本地居民相比,新移民平均年龄更小,受教育程度较低,居住在面积更小的住房中,且大多从事蓝领工作。新移民中拥有小汽车或驾照的比例也显著较低。在建成环境方面,新移民居住地或工作地交通分析小区显著地距离市中心更远,其公交站点密度、道路交叉口密度、工作密度和人口密度都较低,然而土地利用混合度高于本地居民的居住或工作区域。

二、分析方法

本章使用当前前沿的机器学习方法,即 LightGBM 方法,来预测新移民和本地居民的多模式通勤选择行为。此外,为了验证 LightGBM 方法的预测性能,还进一步建立了 MNL 模型,并将结果与 LightGBM 模型的结果进行比较。以下是对 LightGBM 和 MNL 方法的简要描述。

(一)LightGBM

LightGBM 是 Ke 等(2017)提出的一种全新机器学习框架,能够更准确、更高效地拟合各种机器学习模型,包括梯度提升决策树(GBDT)。LightGBM 结合了一系列新颖的技术,如直方图和叶子生长策略、基于梯度的单侧采样(GOSS)以及特征捆绑(EFB)。

本章基于 LightGBM 框架构建了 GBDT 模型。自从 Friedman(2001)开发以来,GBDT 在计算机科学中赢得了广泛赞誉和应用。与传统统计模型(如 Logit 模型)相比,GBDT 具有多重优势。首先,GBDT 的预测能力被广泛证明优于传统统计模型(Ding et al.,2018b)。其次,GBDT 对因变量和自变量的分布模式没有限制,能够更好地处理缺失值、异常值和多重共线性。最后,GBDT 不预先指定自变量对因变量的影响形式,因此可以检验潜在的非线性关系。此外,GBDT 能够识别自变量在预测中的相对贡献,且自动考虑不同自变量之间的交互作用(Elith et al.,2008)。因此,与一些传统统计模型的常见结果(如标准化系数和边际效

第五章 应用 LightGBM 方法预测新移民和本地居民的通勤方式选择

表 5.2 自变量的描述性统计分析（连续变量）

变量	描述	新移民 平均值	新移民 标准差	本地居民 平均值	本地居民 标准差
出行特征					
出行时长/min	平均出行时长	28.2	16.77	28.62	16.35
社会经济属性特征					
年龄/岁	年龄	33.44	9.05	38.05	9.41
住房大小/m²	受访者住房面积大小	49	38.05	99.88	40.04
TAZ建成环境					
到市中心距离/km	TAZ中心到中山路的路网距离	9.73	3.33	7.87	3.85
公交站点密度/(个·km⁻²)	TAZ内公交站点密度	74.45	56.02	90.3	61.31
道路交叉口密度/(个·km⁻²)	TAZ内3向及以上道路交叉口的密度	85.03	56.87	93.41	74.32
工作密度/(个·km⁻²)	TAZ内工作岗位的密度	589.45	744.6	643.23	686.34
人口密度/(人·km⁻²)	TAZ内人口密度	13500.98	9614.97	15944.94	10578.42

续表

变量	描述	新移民		本地居民	
		平均值	标准差	平均值	标准差
土地利用混合度	TAZ内不同土地利用类型混合的程度。土地性质共划分为14种（如居住、教育、医疗、市政管理、工业、商业）。采用Song等（2013）提出的改良版熵指数法计算	0.63	0.14	0.59	0.16

第五章 应用 LightGBM 方法预测新移民和本地居民的通勤方式选择

表5.3 自变量的描述性统计分析(分类变量)

变量	描述	百分比/% 新移民	百分比/% 本地居民
社会经济属性特征			
是否拥有小汽车	家庭无小汽车	81.78	44.87
	家庭拥有1辆或以上小汽车	18.22	55.13
是否有驾照	无驾照	68.48	42.10
	拥有驾照	31.52	57.90
教育背景	初中及以下	40.52	14.69
	高中或职高	45.56	49.65
	大专及以上	13.92	35.66
性别	男性	56.30	53.52
	女性	43.70	46.48
职业类型	蓝领	71.25	47.88
	白领	25.84	45.35
	公务员	2.91	6.77
是否有6周岁以下小孩	家中无6周岁以下小孩	74.88	69.60
	家中有6周岁以下小孩	25.12	30.40

应)不同,GBDT 得出的相对贡献或相对重要性能够更准确地揭示自变量的效应大小,而且不忽视它们之间的协同效应(Cheng et al.,2019a)。但是,GBDT 也存在一些局限性。例如,它无法提供显著性检验、系数或置信区间。近年来,GBDT 在交通研究中的应用也越来越多。然而,基于传统框架或算法的 GBDT 运算效率相对较低,因此常用于处理回归或二分类问题。近年来有许多例子集中于检验建成环境对多种出行行为维度的影响,如驾车通勤倾向(Ding et al.,2018a)、电动自行车拥有率(Ding et al.,2019)、活力出行(Tao et al.,2023)、步行距离(Tao et al.,2020)、地铁乘客量(Shao et al.,2020)以及汽车拥有率(Zhang et al.,2020)。这些研究毫

无例外地将其因变量(或预测结果)量化为连续或二元变量。LightGBM 使得 GBDT 成为解决复杂多类分类问题的可能方案。

LightGBM 模型首先迭代地构建大量单一决策树,然后通过汇总所有单一决策树的结果来构建最终模型。给定样本(y,x),LightGBM 通过最小化预定义的损失函数$L[y,F(x)]$来构建每棵决策树$F(x)$。在每次迭代中,它对在之前迭代中被错误预测的案例赋予更高的权重。假设总共构建了M棵决策树,在第m次迭代中($0<m<M$),决策树可以表示为公式(5.1):

$$F_m(x) = F_{m-1}(x) + \eta \sum_{k=1}^{K} \theta_{km} I, x \in R_{km} \tag{5.1}$$

其中,K是决策树划分区域R_{km}的数量;θ_{km}表示区域R_{km}的单独最优梯度值;当$x \in R_{km}$时,$I=1$,否则$I=0$;$\eta(0<\eta\leqslant 1)$表示学习率,它可以降低过拟合的概率,并且是构建 LightGBM 模型的一个重要参数。

在获得最终模型后,我们可以计算每个自变量的相对重要性,这是解释机器学习方法最常用的方式之一,公式如下:

$$I_x^2 = \frac{1}{M} \sum_{m=1}^{M} \sum_{k=1}^{K-1} d_k \tag{5.2}$$

其中,d_k表示将x_i设置为第k个分裂点时所产生的平方误差的变化。

在本章中,80%的新移民和本地居民的案例(出行)被随机抽取作为训练集,其余 20%作为测试集。采用 5 折交叉检验程序,其中模型将训练集随机均匀分配为五个子样本,并迭代地拟合五个模型,每个模型均基于其中四个子样本构建,再利用剩下的一个子样本进行测试。5 折交叉检验是一种常用的方法,可以减少过拟合并增强 LightGBM 模型的泛化能力(generalizability ability)。此外,还必须确定几个关键参数,如"learning_rate"(控制步长,从而控制学习速度,显著影响过拟合)、"lambda_L1"(L1 正则化项)、"lambda_L2"(L2 正则化项)和"max_depth"(即最大树深度,通常决定模型的复杂性)。采用超参数网格搜索过程,并通过最小化预测错误率获得最佳参数,同时考虑过拟合问题。具体而言,模型参数最终设定为学习率为 0.001,lambda_L1 为 0.1,lambda_L2 为

0.2,max_depth 为 10。

LightGBM 模型通过 Python 3.7 软件中的"LightGBM"包实现。

(二)MNL

MNL 模型是一种常用的离散选择模型,其主要理论依据为随机效用理论。它将出行方式选择视为最大化出行者效用的问题。MNL 模型假设每种出行方式对出行者都有一定的效用水平,而选择某种出行方式所带来的效用函数可以用公式(5.3)表示:

$$U_j(X_j|\beta_j)=\beta_j X_j+\delta_j \quad (5.3)$$

其中,X_j 表示观察到的变量,例如本章中的社会人口统计和建成环境变量;δ_j 表示未观察到的随机误差;而 β_j 表示需要估计的系数。出行者 i 选择替代方式 j 的概率可以表示如下:

$$P_{ij}=\frac{\exp(\beta_j X_{ij})}{\sum_{k=1}^{l}\exp(\beta_k X_{ik})} \quad (5.4)$$

作为一种传统的统计模型,MNL 模型不仅能够进行显著性检验并提供变量系数,还可以方便地报告各个自变量的弹性。某一自变量 X_{ij} 的弹性 E_{ij} 可以定义如下(Elshiewy et al.,2017):

$$E_{ij}=\beta_j \cdot X_{ij} \cdot (1-P_{ij}) \quad (5.5)$$

第三节　LightGBM 模型与 MNL 模型结果解释与对比

一、LightGBM 模型和 MNL 模型的模型表现

表 5.4 展示了两类人群各自 LightGBM 模型的拟合结果。两个模型都实现了优秀的预测准确性。具体而言，本地居民的通勤方式选择准确率高达 87.33%。这一数字高于新移民（80.51%）。此外，由于训练误差和测试误差之间的差异很小，且对于两个模型而言，误差略高于 6%，因此不存在过拟合问题。

表 5.4　LightGBM 模型拟合细节

模型	样本数	最佳树	训练误差	测试误差	准确率/%
新移民模型	9031	2971	0.1343	0.1949	80.51
本地居民模型	15458	13988	0.0578	0.1267	87.33

我们进一步对比了 LightGBM 模型和 MNL 模型的整体及特定出行方式的预测准确率，结果如表 5.5 所示。对于新移民和本地居民，LightGBM 模型的预测准确率明显更高。LightGBM 模型的总体预测准确率约比 MNL 模型高出 20%，后者仅约为 60%。在特定出行方式的准确率方面，LightGBM 模型在预测本地居民的三种出行方式及新移民的活力出行和公共交通出行选择时表现优于 MNL 模型，而 MNL 模型在预测新移民的小汽车驾驶出行方面略优于 LightGBM 模型。有趣的是，

MNL 模型在预测本地居民和新移民的通勤方式选择时的整体准确率相似,这与 LightGBM 模型不同。此外,MNL 模型在预测本地居民和新移民的小汽车驾驶模式方面的表现远优于对他们的活力出行和公共交通模式的预测。总体而言,与现有研究[如 Wang 等(2018)、Cheng 等(2019a)]相呼应,本章确认了机器学习方法在某些传统统计模型上的高效性和可靠性。

表 5.5 LightGBM 模型与 MNL 模型预测精度比较

单位:%

准确率类型	新移民		本地居民	
	GBDT	MNL	GBDT	MNL
总体预测准确率	80.51	62.30	87.33	61.95
活力出行预测准确率	82.84	66.37	92.12	58.35
公共交通预测准确率	78.15	65.58	83.07	69.57
小汽车驾驶预测准确率	81.17	81.28	89.71	80.93

二、LightGBM 模型和 MNL 模型的解释

虽然 LightGBM 模型不报告单个变量的系数或统计显著性,但它可以方便地识别这些变量的相对重要性。事实上,这是解释机器学习模型"黑箱"的一种常用方法。相比之下,系数、统计显著性和弧弹性是传统统计模型的常见结果。本小节首先报告并分析了从 LightGBM 模型中获得的自变量的相对影响,然后将其与 MNL 模型的输出结果进行比较,以证实这些结果的可靠性。

表 5.6 展示了影响新移民和本地居民通勤方式选择的自变量的相对贡献。总体而言,对于这两个群体,整体建成环境(包括居住地附近和工作地附近)对通勤方式选择的影响最大。具体而言,对于新移民,居住地和工作地的建成环境的综合贡献为 35.38%,高于出行特征(即出行时长,31.24%)和社会经济属性特征的综合贡献(33.38%)。此外,本地居民的

建成环境的集体贡献高达42.84%,远高于出行时长和社会经济属性特征的贡献。这一发现支持了Ewing和Cervero(2017)的观点。同时,建成环境对本地居民的模式选择影响更大,差距高达7.46%。这一结果呼应了Adkins等(2017)的发现,即社会经济处于劣势的人群受到建成环境的影响较小。相比之下,社会经济属性特征对新移民的通勤方式选择影响更大。这一发现与我们的预期一致,因为新移民在交通资源上的不足可能导致他们在选择交通方式时自由度较低。此外,对于这两个群体,居住地的建成环境的相对重要性均大于工作地,这与Sun等(2017)的研究结果一致。

在个别自变量方面,新移民和本地居民在相对贡献及其排名上存在相似之处和差异。具体而言,对于新移民和本地居民来说,预测其出行方式选择的最重要变量是出行时长。对于新移民而言,出行时长的重要性略高于本地居民。这一发现超出我们的预期,因为Rich和Vandet(2019)发现,社会经济处于优势地位的人比处于劣势的人更看重时间。在我们的案例中,新移民对出行效率的敏感度至少与本地居民相当,且重视时间的程度与本地居民相同。"是否拥有小汽车"这一自变量的重要性在两个群体中排名第二。然而,"是否拥有小汽车"对新移民的相对重要性超过本地居民近5个百分点。这个结果是可以理解的。对于新移民来说,仅有18.22%的人拥有私家车,车辆的可用性与不可用性确实对他们的出行方式选择至关重要。然而,拥有小汽车的本地居民比例高达55.13%,因此,"是否拥有小汽车"对本地居民出行行为的影响小于对新移民的影响。有趣的是,教育背景在新移民的通勤方式选择中发挥了比在本地居民中更大的作用。受教育水平通常与职业、收入以及随之而来的交通资源密切相关,因此影响出行方式选择。超过40%的新移民受教育水平较低,而本地居民中这一比例不足15%。对于大多数新移民而言,获得较高的受教育水平有时是获得更高工资和确保一定交通资源的唯一途径,而本地居民往往可以得到家庭的支持。是否有驾照对新移民和本地居民的出行方式选择也有重要影响,这无须进一步解释。然而,其他社会经济属性特征的重要性相对较低,特别是住房面积、家中是否有

第五章　应用 LightGBM 方法预测新移民和本地居民的通勤方式选择

6周岁以下儿童以及受访者职业类型,这些变量的相对贡献均低于1%。在这些不太重要的变量中,住房面积和职业类型被认为与社会经济地位密切相关,因此能够影响居民的出行行为。出现这一结果的原因可能在于,对于通勤方式选择而言,真正重要的是居住地和薪资,而不是住房面积和职业类型。此外,在中国,祖父母往往承担照顾幼儿的责任。这一现实可以解释为何有年幼子女存在的家庭对有工作的成年人的出行方式选择没有明显影响,这与 Cheng 等(2019b)的发现相吻合。

就个别建成环境变量而言,到市中心距离是新移民和本地居民相对贡献最高的变量。这一发现表明,即使在工作岗位分布得比西方城市更为均匀的中国的典型城市中,市中心仍然聚集了大量的工作岗位,因此对人们的通勤方式产生了深远的影响。建成环境变量中另一个对两个群体都具有较高重要性的变量是人口密度,这与大量先前研究揭示的人口密度具有显著影响相一致。对于新移民而言,居住地和工作地点附近的道路交叉口密度也很重要。除了上述因素外,其他建成环境变量(即公交站点密度、工作密度和土地利用混合度)对新移民而言重要性排名相对较低。

对于本地居民而言,工作密度是一个重要因素,工作地附近的公交站点密度也是如此。值得注意的是,新移民和本地居民在居住地和工作地附近的工作密度、工作地附近的道路交叉口密度和公交站点密度的相对重要性排名差异很大。通常,新移民倾向于选择尽可能靠近工作地点的租住房,以减少通勤成本。相对而言,本地居民自有住宅与工作地点之间的距离具有更大的多样性,这也是工作密度对本地居民的出行方式选择影响更大的原因。此外,新移民的公共交通出行比例高达33.52%,更可能是公共交通的黏性用户(captive rider);而拥有更多交通方式选项的本地居民更可能是弹性用户(choice rider)。因此,公交站点密度在本地居民的通勤方式选择中扮演着比在新移民群体中更重要的角色。

表 5.6 自变量在预测新移民和本地居民通勤方式选择中的相对重要性

变量	新移民		本地居民	
	相对重要性/%	排序	相对重要性/%	排序
出行特征				
出行时长	31.24	1	29.82	1
社会经济属性特征				
是否拥有小汽车	20.67	2	15.98	2
教育背景	4.79	5	1.85	16
是否有驾照	4.47	6	5.91	5
年龄	1.98	14	1.07	18
性别	0.58	18	1.42	17
住房面积	0.58	19	0.83	19
是否有6周岁以下小孩	0.19	20	0.04	21
职业类型	0.12	21	0.24	20
相对重要性类别汇总	33.38		27.34	
居住地附近建成环境变量				
到市中心距离	7.57	3	10.47	3
人口密度	2.93	8	2.89	8
道路交叉口密度	2.06	10	2.41	12
公交站点密度	2.05	11	2.24	14
工作密度	2.03	12	3.22	6
土地利用混合度	2.00	13	2.45	11
相对重要性类别汇总	18.64		23.68	

第五章 应用LightGBM方法预测新移民和本地居民的通勤方式选择

续表

变量	新移民		本地居民	
	相对重要性/%	排序	相对重要性/%	排序
工作地附近建成环境变量				
到市中心距离	6.41	4	6.61	4
道路交叉口密度	3.04	7	1.87	15
人口密度	2.42	9	3.00	7
工作密度	1.72	15	2.58	10
土地利用混合度	1.64	16	2.34	13
公交站点密度	1.51	17	2.76	9
相对重要性类别汇总	16.74		19.16	

在 MNL 模型中,大多数统计显著性和方向与我们的预期一致(见表5.7)。值得注意的是,在公共交通方面,大部分建成环境对新移民和本地居民都有明显的影响。然而,在小汽车驾驶上,本地居民受到建成环境的影响远大于新移民,对本地居民而言有 6 个变量具有统计显著性,而对新移民仅有 2 个。这一结果的可能解释是,与建成环境相比,新移民是否开车上班更多地依赖于他们是否拥有小汽车以及是否具有驾驶小汽车的技能。这一发现也印证了新移民和本地居民在建成环境综合相对贡献上的差距。此外,关于单个解释变量,MNL 模型的显著性总体上呈现出与 LightGBM 模型中相对重要性模式相吻合。具体而言,出行时长和是否拥有小汽车作为两个最重要的变量,在 99.9% 的置信水平上对两类人群的出行选择均具有显著影响。是否有驾照对两组都起着相当重要的作用,到市中心距离作为最重要的建成环境变量,也在预测出行选择中起到了很大作用。至于最不重要的变量,家中是否有 6 周岁以下小孩和职业类型在 LightGBM 和 MNL 模型中都得到了确认。

为了揭示建成环境变量的幅度(效应大小),我们进一步比较了其基于 LightGBM 的相对贡献和基于 MNL 的弹性(见表 5.8)。值得注意的是,表格中仅报告在 95% 显著性水平上具有统计显著性的变量弹性,因为那些不显著变量的系数与零没有显著差异,汇报其弹性没有实际意义。

表 5.7 新移民和本地居民通勤方式选择的 MNL 模型结果

变量	新移民			本地居民		
	相对重要性排序	MNL 模型变量系数		相对重要性排序	MNL 模型变量系数	
		公共交通出行	驾驶小汽车		公共交通出行	驾驶小汽车
截距	N/A	0.454#	−3.252***	N/A	1.802***	−1.810***
出行特征						
出行时长	1	−0.006***	−0.006***	1	−0.004***	−0.004***
社会经济属性特征						
是否拥有小汽车	2	−0.168**	2.863***	2	−0.272***	2.300***
教育背景						
初中及以下		Ref.	Ref.		Ref.	Ref.
高中至大专	5	0.736***	0.461***	16	0.48*	0.184*
本科及以上		1.171***	0.882***		0.825***	0.678***
是否有驾照	6	−0.139*	1.402*	5	−0.215***	1.479***

第五章 应用 LightGBM 方法预测新移民和本地居民的通勤方式选择

续表

变量	新移民			本地居民		
	相对重要性排序	MNL 模型变量系数		相对重要性排序	MNL 模型变量系数	
		公共交通出行	驾驶小汽车		公共交通出行	驾驶小汽车
年龄	14	−0.026***	0.001	18	−0.025***	−0.015***
性别	18	−0.073	−0.949***	17	−0.196***	−0.981***
住房面积	19	0.001	0.004**	19	−0.002**	0.001
是否有6周岁以下小孩	20	−0.196***	−0.048	21	0.026	−0.009
职业类型	21	Ref.	Ref.	20	Ref.	Ref.
蓝领		0.191**	−0.044		0.020	0.110*
白领		−0.176	0.251		0.134	0.793***
公务员						
居住地附近建成环境变量						
到市中心距离	3	0.078***	0.068***	3	0.032***	0.033***
人口密度	8	0.001	0.001	8	0.001**	0.001
道路交叉口密度	10	0.002***	−0.001	12	−0.001**	−0.001*
公交站点密度	11	0.001	0.002	14	0.001	0.001

续表

变量	新移民			本地居民		
	相对重要性排序	MNL模型变量系数		相对重要性排序	MNL模型变量系数	
		公共交通出行	驾驶小汽车		公共交通出行	驾驶小汽车
工作密度	12	0.001***	−0.001*	6	0.001	0.001
土地利用混合度	13	0.236	−0.436	11	−0.578***	0.129
工作地附近建成环境变量						
到市中心距离	4	−0.084***	−0.021	4	−0.011**	0.005
道路交叉口密度	7	−0.001*	−0.002#	15	0.001	−0.001*
人口密度	9	−0.001***	0.001	7	0.001	−0.001**
工作密度	15	0.001	0.001	10	0.001***	0.001*
土地利用混合度	16	−0.833***	−0.304	13	−0.047	0.044
公交站点密度	17	0.004***	0.001	9	0.001	−0.002**
对数似然值		−7060			−13014	
麦克法登 R 方		0.2113			0.2200	
似然比检验		$\chi^2=3782.1(p<0.000)$			$\chi^2=7338.9(p<0.000)$	

注：出行方式中，以活力出行作为参考；#表示 $p<0.1$，* 表示 $p<0.05$，** 表示 $p<0.01$，*** 表示 $p<0.001$。

第五章 应用 LightGBM 方法预测新移民和本地居民的通勤方式选择

表 5.8 建成环境变量相对重要性和弹性比较

变量	新移民			本地居民		
	相对重要性/%	弹性 公共交通出行	弹性 驾驶小汽车	相对重要性/%	弹性 公共交通出行	弹性 驾驶小汽车
居住地附近建成环境变量						
到市中心距离	7.57	0.316***	0.221***	10.47	0.340***	0.380***
人口密度	2.93	—	—	2.89	—	—
道路交叉口密度	2.06	0.082***	—	2.41	−0.009***	−0.017**
公交站点密度	2.05	—	—	2.24	—	—
工作密度	2.03	0.057***	−0.032*	3.22	—	—
土地利用混合度	2.00	—	—	2.45	—	—
工作地附近建成环境变量						
到市中心距离	6.41	−0.348***	—	6.61	−0.327***	—
道路交叉口密度	3.04	−0.040**	—	1.87	−0.213**	−0.022*

续表

变量	新移民 相对重要性/%	新移民 弹性 公共交通出行	新移民 弹性 驾驶小汽车	本地居民 相对重要性/%	本地居民 弹性 公共交通出行	本地居民 弹性 驾驶小汽车
人口密度	2.42	−0.100***	—	3.00	—	−0.041**
工作密度	1.72	—	—	2.58	0.024***	0.007*
土地利用混合度	1.64	−0.222**	—	2.34	—	—
公交站点密度	1.51	0.117***	—	2.76	—	−0.043**

注：* 表示 $p<0.05$，** 表示 $p<0.01$，*** 表示 $p<0.001$；"—"表示在 95% 置信水平下不显著。

总体来看,所有建成环境变量在影响两类人群的出行选择时似乎都是非弹性的,单个建成环境变量最大弹性仅为 0.380。这一发现与 Ewing 和 Cervero(2010)的研究结果相呼应。同时,相对贡献和弹性之间既有一致性,也有差异性。例如,到市中心距离对两类人群的相对重要性最高,同时也是弹性最大的变量。然而,人口密度对于新移民和本地居民的相对重要性都较高,但似乎弹性较小。对此差异的可能解释是,人口密度通常与其他建成环境变量(如公交站点密度和土地利用混合度)协同作用,然而,弹性反映的是在控制其他变量后人口密度的效应大小。

第四节　本章小结

准确预测通勤方式选择并识别相应的影响因素对出行需求预测和管理至关重要,尤其是在社会人口结构多样化和不断变革的时代。考虑到这一点,本章重点揭示了建成环境变量对通勤方式选择影响幅度(效应大小)的社会群体差异。以厦门为例,利用 2015 年进行的大规模居民出行行为调查,本章预测了两个社会子群体(即新移民和本地居民)的通勤方式选择,并使用 LightGBM 和 MNL 模型识别和比较上述差异。以下是一些有趣的发现。

首先,最重要的是,本章研究揭示了建成环境对本地居民通勤出行方式选择的影响大于对新移民的影响。这个发现至少有两个研究和实践上的启示。第一,这意味着,尽管内部新移民面临的文化差异远小于国际新移民,但他们可能经历了类似的"交通同化"过程,建成环境对他们出行行为的影响存在"时间滞后效应"。第二,基于这一发现,城市和交通规划者应认真考虑建成环境变量对不同社会经济群体影响幅度的差异。例如,在主要由新移民居住的社区(如新移民聚居区)实施一些适合本地居民(或一般人群)的建成环境干预措施将远不如预期有效。在这样的社区中,一些针对非建成环境的措施可能更有效,例如提供更频繁的公共交通服务、技能培训项目以及文化适应和社会支持。

其次,本章研究证实,与社会经济属性特征和出行特征相比,建成环境整体在预测两种人群的通勤方式选择中扮演了更重要的角色。这一发现与多项先前研究一致,并为 Handy(2017)以及 Ewing 和 Cervero

(2017)提出的建成环境综合影响可能相当大的论点提供了证据。这一发现表明,通过干预建成环境来改变人们的出行行为[例如,促进环境友好型出行方式(如步行和骑行)]是完全可行和有效的,这证明了"建成环境—出行行为"相关研究的意义,同时凸显了城市规划者在建成环境干预方面的不可替代性。同时,这也突出了规划者在实践中保持谨慎的必要性。此外,本章还识别出到市中心距离和人口密度是预测本地居民和新移民通勤方式选择中最重要的建成环境变量。这一发现暗示,在干预通勤方式选择时,应优先考虑区域可达性和紧凑发展。

最后,本章研究发现,LightGBM 模型的预测准确性高于 MNL 模型,反映了机器学习方法在某种程度上的优越性,并与 Cheng 等(2019a)和 Wang 等(2018)的发现相呼应。LightGBM 模型表现更好的原因在于,与传统统计模型预先指定自变量和因变量之间关系的形式(例如,MNL 模型的对数线性关系)不同,LightGBM 模型对关系形式没有任何限制。相反,它"让数据说话"(Zhao et al.,2020b)。此外,LightGBM 模型会自动考虑一些自变量之间的交互作用。然而,LightGBM 模型与许多其他机器学习方法一样,也存在一些弱项。例如,它无法进行显著性检验和变量系数估计,而这些恰恰是传统统计方法的强项。因此,建议未来的研究将这两种方法结合起来,以进行交通出行方式选择预测研究。

本章实证分析存在一些值得进一步探索的空间。首先,由于数据可获得性的限制,我们的分析没有涉及居民的态度或偏好,也未能控制潜在的居住自选择问题。尽管已有广泛证据表明,即使在控制居住自选择效应之后,建成环境在影响出行行为方面仍是一个重要因素(Handy et al.,2006)。未来的研究仍应考虑态度和偏好等心理因素,以避免对建成环境影响的高估或低估。其次,为了凸显新移民和本地居民之间的差异,本章将新移民视为同质群体。然而,这一群体内部可能存在很高的异质性。例如,高技能和低技能的新移民在许多方面(包括出行方式选择)可能存在显著差异。未来的研究同样不应忽视这一事实。

第六章

建成环境与新移民和本地居民通勤时长之间的非线性关系：随机森林方法

这一章呈现了第三个实证分析。此分析聚焦厦门岛，并使用随机森林方法，试图放宽既有研究中普遍采用的假设——自变量和因变量之间存在线性或广义线性关系，以检验建成环境与内部新移民和本地居民通勤时长之间的非线性关系。结果显示，建成环境对内部新移民和本地居民的通勤时长都有显著的非线性影响，并且存在明显的阈值效应。建成环境对新移民和本地居民的影响在形式、梯度和阈值上存在差异。建成环境对新移民通勤时长的相对贡献小于本地居民。

第六章 建成环境与新移民和本地居民通勤时长之间的非线性关系：随机森林方法

第一节 通勤时长研究的背景与意义

通勤时长被广泛证实对身心健康（Hansson et al., 2011; Oliveira et al., 2015; Xiao et al., 2020）、死亡率（Sandow et al., 2014）、生产力（Ma et al., 2019）以及幸福感和满意度（Stutzer et al., 2008; Chatterjee et al., 2020; Sun et al., 2020a）有重要影响。因此，解析建成环境与通勤时长之间复杂的关系一直是城市和交通研究者以及政策制定者非常感兴趣的课题。研究者们已经开始探索内部新移民的通勤时长（Zhao et al., 2010a; Fan et al., 2014; Zhu et al., 2017a）。然而，尽管进行了丰富的探索，但很少有研究专门检验建成环境如何影响新移民的通勤时长。考虑到新移民与本地居民在社会经济特征、文化背景和制度障碍等方面的差异，仅基于从本地居民或一般人群中得出的研究结果来制定相关政策可能是有问题的。因此，迫切需要进行单独的研究来探索建成环境对新移民通勤时长的影响，并揭示其与本地居民的差异。

此外，以往的研究经常假设建成环境与通勤时长之间存在预设形式的（线性或广义线性）关系。据我们所知，还没有研究探讨建成环境对通勤时长的精细的非线性影响。理论上来说，有两个机制可能导致建成环境与通勤时长非线性的关联。首先，通勤时长由通勤距离和通行速度共同决定，但这两个因素对建成环境的反应并不相同。例如：紧凑发展，即高密度和混合用途的发展，被广泛证实能够减少通勤距离（Zhao et al., 2011a; Sun et al., 2017），因为它可以使通勤起点和终点更接近；然而，研究也发现紧凑发展会增加交通拥堵（Sarzynski et al., 2006; Yang et al.,

2012b;Li et al.,2019),特别是在像中国这样的发展中国家,城市发展通常以高密度蔓延和快速机动化为特征。因此,拥堵对通勤时长的不利影响可能会抵消甚至超过邻近性带来的积极效应。其次,通勤与住房价格可负担性和工作可达性密切相关,而建成环境可能以不同的方向影响这两个因素。例如:紧凑发展通常可以提高工作可达性;然而,它也可能提高房价或租金,这可能导致绅士化并迫使低收入者搬迁得更远(Koster et al., 2012;Markley,2018;Wu et al.,2018)。

本章以厦门岛为案例,利用随机森林方法,旨在厘清建成环境与通勤时长之间复杂的非线性关系,并区分新移民和本地居民。本项实证分析对当前文献的贡献体现在以下两个方面:(1)检验了建成环境对新移民通勤时长的影响,并与本地居民进行了比较,部分填补了研究空白;(2)使用机器学习方法揭示了建成环境与通勤时长关联中的非线性,从而放宽了以往线性或广义线性假设,避免了对建成环境和通勤时长关系的过度简化乃至错误估计。

第六章 建成环境与新移民和本地居民通勤时长之间的非线性关系:随机森林方法

第二节　变量测度与随机森林方法

本章基于厦门市中心区域——厦门岛——进行研究,以交通分析小区(TAZ)作为空间分析单位。厦门岛和交通分析小区的分布如图 3.2 所示。以下将详细介绍本章使用的变量和分析方法。

一、通勤时长及其影响因素变量描述

本章将新移民和本地居民的单程通勤时长(即从家到工作地点所花费的时长)作为预测结果(因变量)。自变量包括两类,即个人和家庭的社会经济属性特征以及建成环境变量。因变量和自变量(连续变量)的描述性统计见表 6.1,自变量(分类变量)的描述性统计见表 6.2。

表 6.1　因变量和自变量(连续变量)的描述性统计

变量	描述	新移民		本地居民	
		平均值	标准差	平均值	标准差
因变量					
通勤时长/min	平均通勤时长(分钟)	28.23	16.77	28.59	16.36
社会经济属性特征					
年龄/岁	年龄(岁)	33.47	9.00	38.04	9.39
住房大小/m^2	受访者住房面积大小	49.05	38.08	99.8	40.12

续表

变量	描述	新移民 平均值	新移民 标准差	本地居民 平均值	本地居民 标准差
交通分析小区(TAZ)建成环境变量					
到市中心距离/km	TAZ中心到中山路的路网距离	9.73	3.33	7.87	3.85
公交站点密度/(个·km^{-2})	TAZ内公交站点密度	74.45	56.02	90.3	61.31
道路交叉口密度/(个·km^{-2})	TAZ内3向及以上道路交叉口的密度	85.03	56.87	93.41	74.32
工作密度/(个·km^{-2})	TAZ内工作岗位密度	159.62	160.22	168.37	146.99
人口密度/(人·km^{-2})	TAZ内人口密度	13500.98	9614.97	15944.94	10578.42
土地利用混合度	TAZ内不同土地利用类型混合的程度。土地性质共划分为14种（如居住、教育、医疗、市政管理、工业、商业）。采用Song et al.(2013)提出的改良版熵指数法计算	0.63	0.14	0.59	0.16
样本量	观测值计数	9031		15458	

表6.2 自变量(分类变量)的描述性统计

变量	描述	百分比/% 新移民	百分比/% 本地居民
社会经济属性特征			
是否拥有小汽车	家庭无小汽车	81.67	45.00
	家庭拥有1辆或以上小汽车	18.33	55.00
是否有驾照	无驾照	68.33	42.27
	拥有驾照	31.67	57.73

第六章 建成环境与新移民和本地居民通勤时长之间的非线性关系:随机森林方法

续表

变量	描述	百分比/%	
		新移民	本地居民
教育背景	初中及以下	40.25	14.65
	高中或职高	45.65	49.71
	大专及以上	14.10	35.64
性别	男性	56.31	53.54
	女性	43.69	46.46
职业类型	蓝领	71.25	47.88
	白领	25.84	45.35
	公务员	2.91	6.77
是否有6周岁以下小孩	家中无6周岁以下小孩	74.94	69.73
	家中有6周岁以下小孩	25.06	30.27

有趣的是,新移民和本地居民的平均通勤时长几乎相同;新移民的平均通勤时长仅比本地居民短不到一分钟。同时,新移民的社会经济地位明显低于本地居民。具体来说,相比于本地居民,新移民中拥有私家车的比例要低得多,拥有驾照的人数更少,受教育程度也更低。新移民居住的住宅面积要小得多,他们中的大多数人从事蓝领工作。此外,新移民居住的交通分析小区(TAZ)平均离市中心更远,并且明显拥有更小的公交站点密度、道路交叉口密度、工作密度和人口密度。

二、分析模型

本章应用随机森林方法来估计建成环境与通勤时长之间的复杂关系。本小节介绍随机森林方法的技术细节。

作为一种基于树的集成机器学习方法,随机森林是在单棵决策树的基础上发展起来的(见第三章)。尽管单棵决策树易于构建和解释,但它容易受到偏差(bias)和方差(variance)的影响。为了解决这个问题,研究人员提出了基于树的集成方法,即结合许多单棵决策树的结果来提高预测准确性。随机森林由 Breiman(2001)提出,是最受欢迎的基于树的集成方法之一。随机森林首先独立地构建大量单棵决策树,并在最后综合它们的结果。随机森林的随机性来自两个方面,即自助采样(bootstrapping)和随机特征选择。首先,自助采样意味着从训练数据集中有放回地随机选择观测值,以形成不同的训练子样本来构建单棵决策树。在自助采样中,有些观测值可能被多次选中,而有些则可能不被包含在训练过程中,后者将作为袋外数据(out-of-bag,OOB)样本。其次,在构建单棵决策树时,每个分裂节点只随机选择部分特征(自变量)。将随机特征选择纳入自助采样过程可以有效降低单棵决策树之间的相关性,并提高它们之间的多样性。

通常,随机森林的预测性能主要由以下三个方面决定:(1)单棵决策树的预测性能;(2)单棵决策树之间的相关性;(3)森林大小,即单棵决策树的数量。因此,随机森林需要确定三个关键参数,包括影响单棵决策树预测性能的树深度、影响决策树之间相关性的每棵决策树选择的分裂变量数量,以及树的数量。简而言之,这些参数通常需要在预测性能和计算效率之间进行权衡取舍。这些参数可以通过基于袋外样本计算袋外错误率来调整。构建完单棵决策树后,随机森林通过平均(通常用于回归)或投票(通常用于分类)的方式综合所有单棵树的结果来获得最终结果。图6.1展示了使用随机森林方法的过程。

一方面,随机森林方法具有多个优点。首先,与其他许多机器学习方法(如 GBDT 和支持向量机)类似,随机森林方法不预设预测结果和特征之间的关系形式,因此,它可以方便地拟合复杂的非线性关系。其次,它具有出色的预测性能,预测准确性很高,泛化能力很强。不止一项研究已经证实了随机森林方法与其他机器学习方法(如支持向量机和神经网络)相比具有更优越的预测准确性(Brown,2015;Šemanjski,2015;Hagenauer et al.,2017;Zhao et al.,2020b)。此外,随机森林不易过拟合,因为通过平均或投票综合不相关且独立的决策树的结果可以降低预测误差和总体方差。再次,随机森林相对容易构建。该方法可以处理混合类型的变量,如连续和离散变量,并且只需要很少的预处理。同时,它需要调节的参数也较少。最后,随机森林易于解释。有几种方法可以打开随机森林方法的"黑

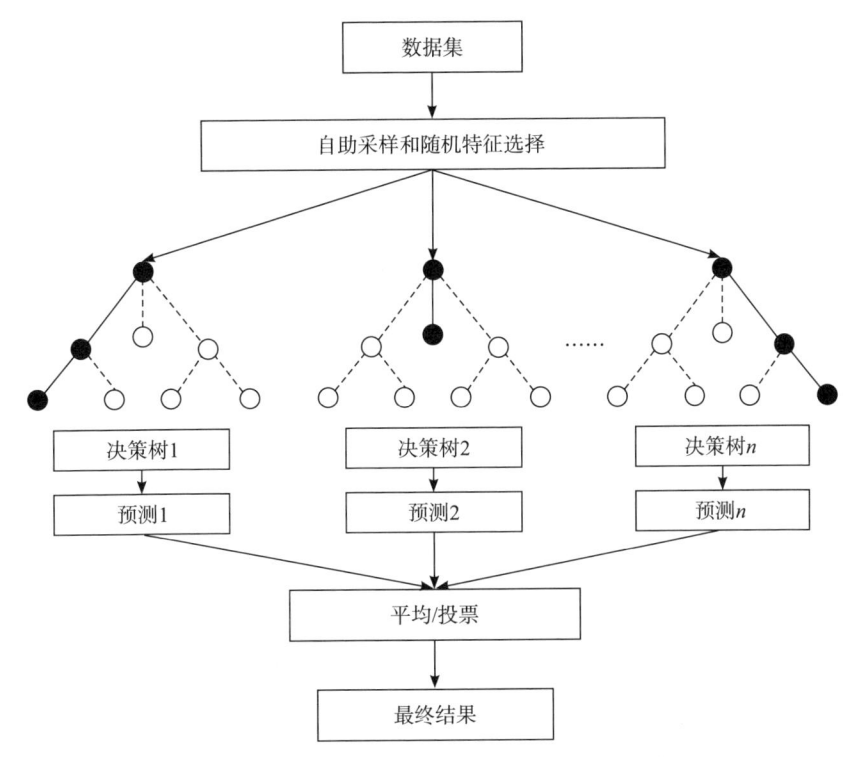

第六章 建成环境与新移民和本地居民通勤时长之间的非线性关系:随机森林方法

图 6.1 使用随机森林方法过程示意（改编自 Cheng 等,2020）

箱"。例如,相对重要性和部分依赖图(partial dependence plot,PDP),可以分别揭示每个自变量对预测的贡献以及自变量对因变量的边际效应。另一方面,随机森林方法也有一些弱点。例如,像其他机器学习方法一样,随机森林无法进行假设检验或产生自变量的系数和置信区间。然而,随机森林可以产生的变量重要性和 PDP 也具有丰富的内涵。此外,本章在 TAZ 级别计算了建成环境变量,而随机森林无法考虑数据的嵌套性质。然而,数据的层次或嵌套结构只会引起增大的型 I 错误率,进而影响自变量的统计显著性(Ding et al.,2018a),而统计显著性并不是我们研究的重点。

第三节 随机森林结果解释

一、模型拟合表现

此项实证分析随机选取了新移民和本地居民的通勤行程的70%作为训练集,剩余的30%作为测试集。设置训练集和测试集可以有效检验并增强所建模型的泛化能力;同时,鉴于我们对新移民和本地居民的通勤行程有大量的观测数据,拿出部分数据集(作为测试集)不会影响训练过程。同时,在随机森林中不需要交叉验证,因为训练过程中的袋外样本本质上充当了验证集,而随机特征选择过程使得随机森林不易过拟合。此外,为了在预测准确性和运行效率上获得最佳性能,以及防止过拟合问题,参数调节是不可或缺的。首先,模型以20为间隔,从10到1000进行尝试,以找出最佳树的数量,对于新移民和本地居民模型,发现最佳的树的数量是500。然后,模型开发时,最大节点的数量从1取到20(即我们的自变量总数),以1为增量,树的最大深度从50取到2000,以50为增量。最终,将最大节点的数量设置为6,树的最大深度设置为1000,这对两个模型来说都是最佳选择。对于新移民模型,均方根误差(RMSE)为14.07,伪R^2为0.275;而对于本地居民模型,RMSE和伪R^2分别为13.77和0.312。这些拟合优度指标表明我们的最终模型具有令人满意的性能。在获得的最终模型的基础上,进一步量化了自变量的相对重要性,并绘制了部分依赖图。

第六章　建成环境与新移民和本地居民通勤时长之间的非线性关系：随机森林方法

二、自变量的相对重要性

作为机器学习模型最常用的解析方法之一，相对重要性方法测度某个自变量在模型预测中相对于其他自变量所做出的贡献。所有变量的相对重要性总和为100%。本章使用了 MeanDecreaseGini 方法来测度相对重要性。

MeanDecreaseGini 是一种测度变量重要性的方法，常应用于随机森林算法。具体来说，MeanDecreaseGini 通过计算在随机森林中的每棵树中，当一个变量被用作分裂节点时，对基尼不纯度（Gini impurity）减少的平均值来衡量变量的重要性。基尼不纯度是衡量数据集纯度的一个指标，其值越小表示数据集越纯。当一个变量被用于分裂节点时，如果能够显著降低子节点的基尼不纯度，那么这个变量就被认为是重要的。通过对所有树中每个变量对基尼不纯度减少的平均值进行累加，可以得到每个变量的总重要性得分。这种方法可以有效地识别出对模型预测结果影响最大的自变量。

表6.3展示了自变量的相对贡献。总体而言，对于新移民和本地居民来说，建成环境在他们的通勤时长中扮演的角色比社会经济属性特征要重要得多。具体来说，居住地和工作地附近的建成环境变量对新移民和本地居民的加总相对贡献分别高达59.96%和65.08%，均远远高于社会经济属性特征。这一发现与先前的一些研究［例如 Cheng et al.,（2020）］相呼应，并为 Handy（2017）、Ewing 和 Cervero（2017）的观点提供了证据。此外，通勤行程两端的建成环境对本地居民通勤时长的影响比对新移民通勤时长的影响要大。建成环境对本地居民通勤时长的总体影响比对新移民的高出5%以上。这一发现与我们的预期一致，并与 Adkins 等（2017）的发现相符，即处于较弱势地位的人群的出行行为往往受建成环境的影响较小。这一发现还意味着，与西方的国际新移民类似，中国的内部新移民可能也经历了"交通同化"过程。作为社会经济地位较低的群体，新移民的出行行为和流动性可能更多地受到他们的社会经济属性特征的影响。同时，作为目的地城市的新来者，他们可能在出行行为方面对城市特征（如建成环境）较不敏感。

表 6.3 社会经济属性特征与建成环境变量的相对重要性

变量	新移民 相对重要性/%	排序	本地居民 相对重要性/%	排序
社会经济属性特征				
年龄	15.45	1	10.18	2
住房大小	10.47	2	11.14	1
职业类型	3.84	15	2.94	15
教育背景	3.09	16	2.91	16
是否有驾照	2.45	17	2.09	17
性别	2.27	18	1.87	19
是否有6周岁以下小孩	1.38	19	1.92	18
是否拥有小汽车	1.09	20	1.87	19
相对重要性类别汇总	40.04		34.92	
居住地附近建成环境变量				
到市中心的距离	6.03	4	6.19	5
土地利用混合度	5.77	5	4.80	13
人口密度	4.95	8	6.28	4
道路交叉口密度	4.94	9	4.64	14
公交站点密度	4.62	11	5.23	7
工作密度	4.38	12	5.21	8
相对重要性类别汇总	30.69		32.35	
工作地附近建成环境变量				
到市中心的距离	6.04	3	6.71	3
工作密度	5.17	6	5.10	11
公交站点密度	4.97	7	5.06	12
道路交叉口密度	4.75	10	5.13	9
土地利用混合度	4.22	13	5.12	10
人口密度	4.12	14	5.61	6
相对重要性类别汇总	29.27		32.73	

对于具体自变量而言,年龄和住房大小对于新移民和本地居民而言

是重要性排名前两位的变量。这一发现很好理解,因为年龄和住房大小分别代表了人生阶段和社会经济地位,这些因素可以影响出行者的通勤行为。其他的社会人口统计变量的贡献则要小得多。对于新移民和本地居民来说,最具影响力的建成环境变量是居住地和工作地到市中心的距离,这些变量的贡献都超过了6%。居住地附近的土地利用混合度和工作地附近的工作密度对新移民来说也是重要的因素,两者的相对重要性都高于5%。对于本地居民来说,通勤行程两端的人口密度也扮演着相当重要的角色。有意思的是,居住地附近的土地利用混合度和道路交叉口密度,这两者对新移民来说相对重要性较高,对本地居民来说似乎影响较小。

三、自变量与新移民和本地居民通勤时间之间的非线性关系

部分依赖图(PDP)是另一种常用于解释机器学习模型"黑箱"的方法,它可以精细地可视化自变量与因变量之间的复杂关系。在图6.2和图6.3中,x轴显示了自变量的分布,刻度标记表示数据分布的疏密程度。值得注意的是,在数据稀疏分布的区域,可靠性可能相对较低。y轴代表通勤时长。

图6.2展示了新移民[第(1)和第(3)列]和本地居民[第(2)和第(4)列]的通勤时长与居住地和工作地附近的建成环境变量之间的关系。总体而言,所有建成环境变量与通勤时长都存在非线性关系,并且存在明显的阈值效应。

"到市中心的距离"与"通勤时长"之间的关系基本上呈现出"V"形。在10 km以内,新移民的通勤时长与居住地或工作地到市中心的距离呈负相关。之后,随着到市中心的距离增加,新移民的通勤时长也随之增加。值得注意的是,新移民的通勤时长对于居住地到市中心的距离的增加反应更为敏感,比工作地到市中心的距离增加的反应更为明显。本地居民的通勤时长也受"到市中心的距离"的类似"V"形影响。但其影响形式与新移民不同,因为其拐点在7.5~8 km,而不是10 km左右。在一定

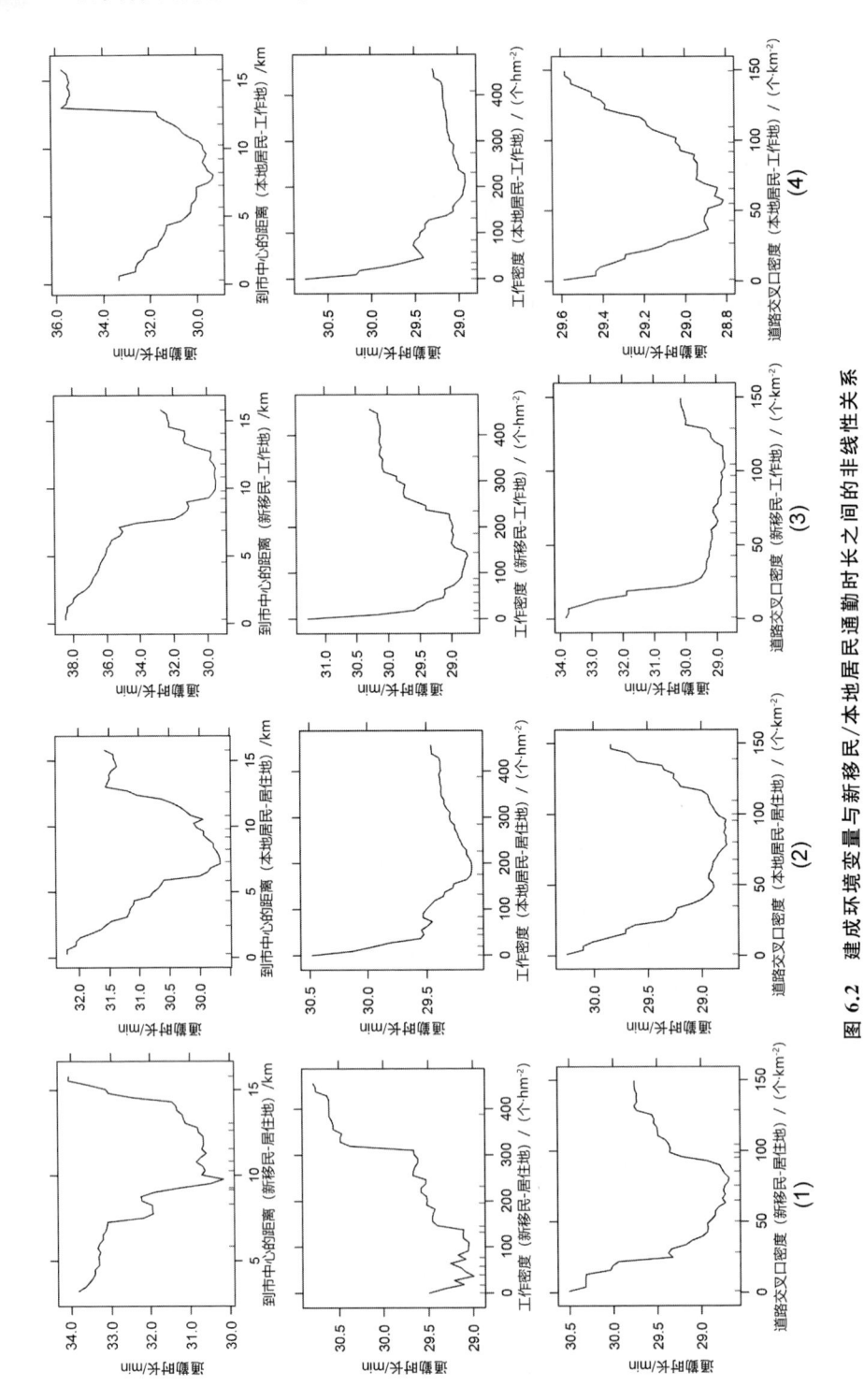

图 6.2 建成环境变量与新移民/本地居民通勤时长之间的非线性关系

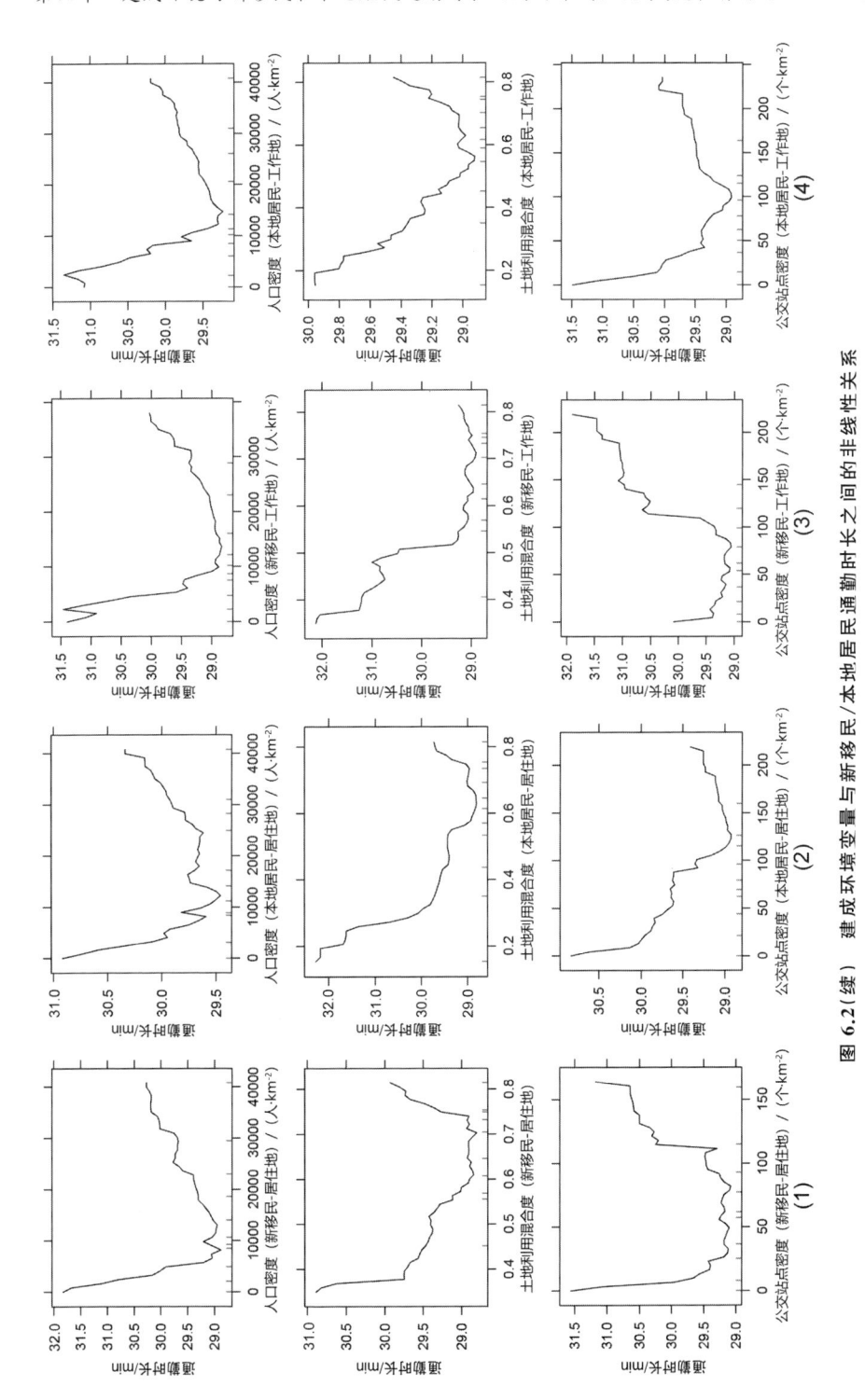

第六章 建成环境与新移民和本地居民通勤时长之间的非线性关系：随机森林方法

图 6.2（续） 建成环境变量与新移民／本地居民通勤时长之间的非线性关系

范围内,"通勤时长"与"到市中心的距离"呈负相关,这与我们的预期不符,因为正如 Zhu 等(2020)所发现的,居住地靠近市中心本应导致通勤距离和时长减少,因为市中心通常聚集了大量的工作岗位。然而,这种不一致是可以理解的,原因有两点。首先,在许多西方城市,特别是在北美,城市扩张普遍,市中心(市区)通常聚集了主要的就业机会,而在大多数中国城市,如厦门,工作岗位分布则更加均匀。此外,整个厦门岛实际上是厦门市的中心区,岛上的就业岗位分布更加分散。其次,遵循一些先前的研究[如 Yang 等(2018)],本章选择被广泛认为是厦门市中心的中山路来测度到市中心的距离。然而,近年来可能已经形成了其他一些次中心,例如厦门火车站,距离中山路大约 5 公里,因此,中山路可能不是厦门绝对的工作中心,这也在研究结果中得到暗示。

当新移民居住地附近工作密度在 $0\sim150$ 个$/hm^2$ 时,他们的通勤时长在 29 min 附近波动,随后急剧上升到大约 30.5 min。如 Zhu 等(2020)和 Sun 等(2020b)所指出的,居住地附近较高的工作密度本应与更平衡的职住关系和更短的通勤时间相关联。本章得出的正相关关系的一个可能原因是,在厦门市中心有一些城中村和破旧社区,提供廉价住房,一些新移民可能选择住在那里,但在更远的地区工作。此外,工作密度超过 230 个$/hm^2$ 的区域数据较为稀疏;因此,我们应该对在这个范围内得出的结论持谨慎态度。相比之下,工作地附近工作密度的增加可以显著减少新移民的通勤时长,直到 150 个$/hm^2$,之后他们的通勤时长开始持续上升。这一发现是可以理解的,因为过高的工作密度可能会提高房价(Yang et al.,2020),因此,负担能力相对较弱的新移民可能被迫住得更远(Zhao et al.,2016)。至于本地居民,他们的通勤时长与居住地和工作地附近的工作密度从 0 到 200 个·hm^{-2} 呈负相关。之后,工作密度的影响变得微不足道。

新移民和本地居民的通勤时长几乎随着居住地附近道路交叉口密度从 0 增长到大约 50 个$/km^2$ 而单调递减;之后,它们轻微波动至大约 90 个$/km^2$,然后开始上升。更高的道路交叉口密度表明了更紧凑的开发模式,可能因此导致更短的通勤行程。此外,连接性更强的街道可以为通勤者提供更多的路径选择,有可能缩短通勤时长。然而,正如 Jin(2019)所指出的,过高的道路交叉口密度可能引起拥堵,这可以解释其在 90 个/km² 以上时对通勤时长的正面效应。本地居民工作地附近的道路交叉口密度以类似模式影响他们的通勤时长,只是关系由负转正的点大约是 60 个/km²。新移民的通勤时长似乎对工作地点附近的道路交叉口密度高度敏感,在中、高道路交叉口密度地区工作的新移民比在低道路交叉口密度地区工作的新移民有显著更低的通勤时长。

居住地和工作地点附近的人口密度与新移民和本地居民的通勤时长都呈现出向左侧倾斜的"L"形关系。新移民的拐点大约在 10000 人/km²,而本地居民的拐点大约在 12000 人/km²。与道路交叉口密度类似,人口密度也是紧凑性的一个重要指标。因此,在一定范围内,较高的人口密度可以缩短通勤距离和时长,而过高的人口密度则可能会引起拥堵,进而导致通勤时长增加(Jin,2019)。

新移民和本地居民的通勤时长在居住地和工作地点附近的土地利用混合度从 0 增加到 0.6 时急剧下降。然后,当土地利用混合度在 0.6~0.7 时,两类人群的通勤时长几乎保持不变。最后,超过 0.7 后,土地利用混合度对通勤时长的影响变为正面。更高的土地利用混合度意味着更多样的城市功能,可以使居住地和工作地彼此更接近;因此,通常土地利用混合度越高,通勤距离和时长越短。这一发现得到了一些已有研究[例如,Antipova 等(2011)、Zhao 和 Li(2016)]的证实。然而,由于土地利用混合度可能会推高房价(Song et al.,2004;Wu et al.,2018),过高的土地利用混合度迫使一些居民搬到更远的地区,从而增加他们的通勤行程和时长。此外,土地利用混合度较高的地区往往位于中心区域;因此,土地利用混合度通常与其他变量(如人口密度和工作密度)协同作用,导致拥堵。需要注意的是,当土地利用混合度低于 0.5 时,新移民和本地居民的数据都很稀疏,因此,处于这一区间的土地利用混合度和通勤时长之间的关系可能不太可靠。

新移民的通勤时长与居住地附近的公交站点密度之间的关系呈现出"U"形。通勤时长在每平方千米大约 30 个公共交通线路时达到最低点,在 30~75 个公共交通线路之间波动,然后开始急剧上升。至于工作地点附近的公共交通线路密度,低于 75 个/km² 时,似乎影响不大;之后,影响变为显著正相关。本地居民的通勤时长与居住地附近的公共交通线路密度的关系其与工作地点附近的关系类似。当居住地附近的公共交通线路密度低于约 120 个/km²,本地居民的通勤时长首先迅速下降;然后,开始增加,但增加的速率要和缓得多。已有研究证实,公共交通的接近性或可达性可以减少通勤时长(Zhao 和 Li,2016;Zhu et al.,2020),这与较低公共交通线路密度范围内得出的负相关关系一致。而较高公交站点密度范围内的正相关可能源于公交站点密度与其他变量(例如人口密度)的协同效应以及随之而来的拥堵,或者是房价上涨,随后负担能力较低的居民被迫搬迁。

图 6.3 展示了两个最重要的社会人口统计变量——年龄和住房大小——对新移民(左列)和本地居民(右列)通勤时长的非线性影响。年龄在 30~40 岁的新移民比那些低于 30 岁和高于 40 岁的新移民拥有更短的通勤时长。这一发现是可以理解的,因为三十多岁的新移民正处于他们职业生涯的黄金时期,因此,他们更有可能获得足够的收入来实现更平衡的职住关系。相比之下,本地居民的通勤时长随着年龄的增长而持续下降,直到 50 岁;50 岁以上,他们的通勤时长开始轻微上升。值得注意的是,50 岁以上的新移民和本地居民的数据相对稀疏。至于住房大小,考虑到数据分布,新移民相关的结果仅在 0~100 m² 区间可靠,而本地居民相关结果的可靠区间为 50~150 m²。在 30 m² 内,新移民的通勤时长随着住房大小的增加而急剧下降;超过 30 m² 后,住房大小对新移民通勤时长的影响变得微不足道。对于本地居民来说,从 50~100 m²,他们的通勤时长呈现出轻微下降趋势,并在 100~145 m² 区间持续波动,在 145~150 m² 区间急剧下降。考虑到住房大小在一定程度上可以体现新移民和本地居民的社会经济地位,其对通勤时长的负面影响与预期一致。

简而言之,居住地和工作地附近的所有建成环境变量以及关键的社会人口统计变量对新移民和本地居民的通勤时长都有明显的非线性影响。某个特定变量对新移民和本地居民的影响在形式、斜率或阈值方面

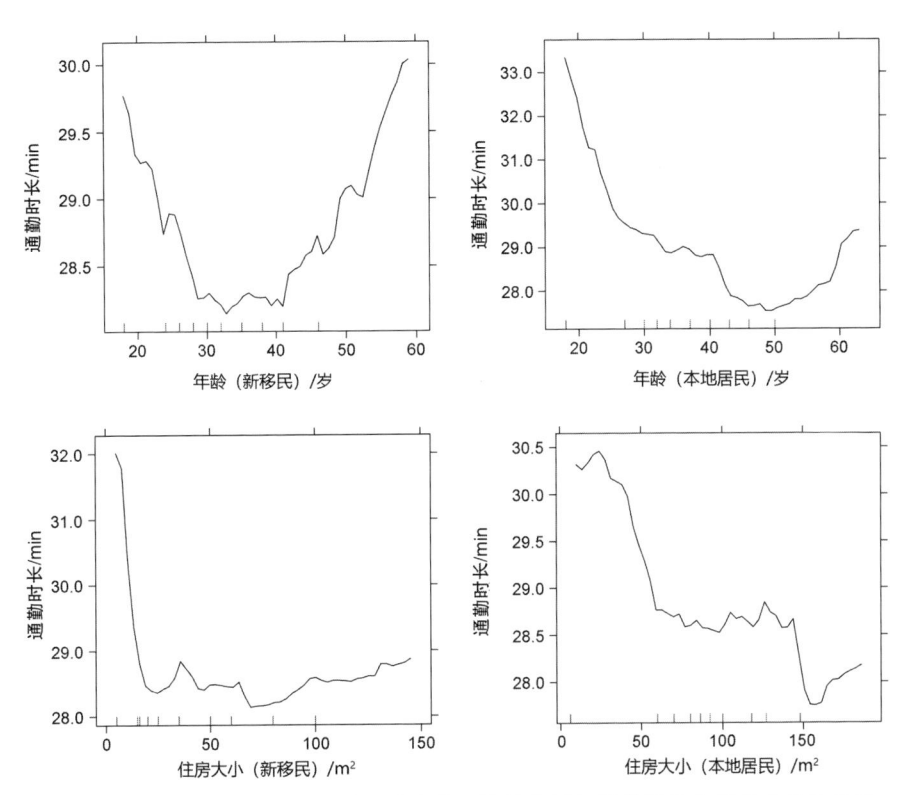

图 6.3 新移民和本地居民的关键社会人口统计变量与通勤时长之间的非线性关系

存在明显差异。居住地和工作地附近的某个特定建成环境变量对通勤时长的影响也呈现出不同的模式。

第四节 本章小结

发展中国家城市中的内部新移民通常遭受多种类型的不利和逆境,并且在政策制定过程中往往缺少发言权。识别影响他们通勤时长的建成环境因素并理清复杂的关系,对于提出和执行公正包容的城市和交通政策以及帮助他们更好地适应城市生活至关重要。鉴于此,本章选择中国厦门作为案例,应用随机森林方法,详细阐述了建成环境与新移民和本地居民通勤时长之间的非线性关系。据我们所知,这是目前首个检验建成环境对通勤时长的精细非线性影响的研究。我们得到了一些有趣的发现。

首先,本章研究揭示了城市建成环境对新移民和本地居民通勤时长的明显的非线性影响和阈值效应,这些信息可以为政策制定者提供最有效的建成环境干预范围,以减轻居民通勤负担。在这两类社会群体之间,以及居住地和工作地的建成环境变量对通勤时长的影响之间,存在形式、斜率或阈值的差异。决策者应该考虑这些差异,并为这两类社会群体提出明智和具有针对性的政策。例如,对于新移民来说,居住地和工作地点附近的能减轻通勤负担的有效人口密度范围都是 $0\sim10000$ 人$/km^2$,而对于本地居民则是 $0\sim12000$ 人$/km^2$。人口密度过大的区域被发现可能增加通勤时长。居住地和工作地附近的土地利用混合度在 0.6 以内对减少两类社会群体的通勤时长最有效,而过度混合的土地利用则几乎没有影响甚至有不利影响。这些发现意味着,追求紧凑发展是值得的,而过度集聚则应该避免。此外,居住或工作在距离市中心大约 10 km 远的地区

第六章　建成环境与新移民和本地居民通勤时长之间的非线性关系：随机森林方法

的新移民拥有最短的通勤时长，而本地居民的理想居住或工作地点距离市中心约 7.5 km。对于新移民和本地居民来说，工作密度的最优值分别是 150 个/km^2 和 200 个/km^2。过大的工作密度会加剧通勤负担，尤其是对新移民而言。这些值可以帮助政策制定者合理规划区域功能结构。建造连通性高的街道可以帮助减轻通勤负担，但建议道路交叉口密度不要超过 50 个/km^2。提供更好的公共交通服务也可以发挥作用，对于新移民来说，有效的公共交通线路范围在 75 条/km^2 左右，而对于本地居民来说，在居住地附近 120 条/km^2，在工作地点附近 100 条/km^2 为最佳。

其次，与社会人口统计特征相比，建成环境总体上对两类社会群体的通勤时长有着更大的相对贡献。这一发现意味着，城市规划者和交通规划者可以通过干预建成环境来真正减轻通勤负担。然而，鉴于建成环境与通勤时长之间复杂的关系，以及建成环境变量超过某些阈值可能产生的潜在不利影响，决策者在提出干预策略时应谨慎行事。建成环境对新移民通勤时长的贡献小于对本地居民通勤时长的贡献。因此，在规划减轻新移民通勤负担时，可以考虑一些非空间策略，例如技能培训计划和租房指南，以补充建成环境干预策略。此外，本章所揭示的各个建成环境变量的相对重要性可以帮助决定干预优先级顺序。具体来说，到市中心的距离是最重要的变量，而人口密度和土地利用混合度也贡献良多。因此，在实践中，区域可达性和紧凑发展可以被赋予高优先级。

本章研究存在一些局限性，在未来的研究中值得进一步改进。首先，由于数据来源的限制，一些常见的变量没有被纳入分析。未来，可以纳入一些社会经济变量，比如个人或家庭收入，以直接表征受访者的社会经济地位。未来的研究还可以考虑一些与态度或偏好相关的变量，例如对居住地或工作地点的态度，以避免错误估计建成环境的影响。其次，某些变量的某些范围内的数据分布稀疏，导致结果不够可靠。决策者应当对基于这些范围得出的结果提出的干预措施持谨慎态度；未来的研究可以使用分布更密集/或更均匀的数据来解决这一问题。最后，这项研究的结果可能是特定于研究情境的，需要更多的类似主题的研究来寻求更普遍的发现。因此，我们建议在不同情境下进行比较研究。

第七章

结论与展望

本章将对全书的研究进行总结。首先,我们将简要概述整个研究的主要发现。其次,讨论理论和政策上的启示。最后,我们将指出研究的一些局限性,并讨论未来研究的潜在方向。

第七章 结论与展望

第一节 研究结论

本书考察了建成环境对新移民出行行为的影响,并将其结果与本地居民进行了比较。在对现有相关文献进行批判性回顾的基础上,本书识别出三个主要的研究不足:(1)尽管研究人员在发达国家情境下广泛研究了国际新移民的出行行为,但对国内新移民,特别是发展中国家情境中的内部新移民的出行行为的研究关注有限;(2)尽管有众多学术探索,但关于建成环境对出行行为影响的实证研究结果混杂且无定论;(3)一些新兴争议困扰着建成环境与出行行为研究领域。鉴于此,本书以中国典型的中等城市——厦门——为例,采用传统的统计方法和当前先进的机器学习方法,进行了三项实证定量分析,选择出行行为的三个重要维度(即出行频率、通勤方式选择和通勤时长)作为因变量——这些维度不仅能有效反映内部新移民面临的交通劣势和不平等,而且与他们融入城市生活的程度以及个人或家庭福祉密切相关。本书有助于研究人员更好地理解内部新移民的出行行为及其与本地居民的差异,可以引起决策者对内部新移民出行需求的关注,并有助于将弱势群体的声音纳入政策制定过程。更重要的是,本书丰富了关于建成环境如何有差异地影响内部新移民和本地居民出行行为的知识,为政策制定者提出针对内部新移民的干预措施提供了科学基础。从方法论的角度来看,它凸显了在(统计)显著性、影响幅度(效应大小)和影响形式等方面建成环境对出行行为影响的社会群体差异,解决了一些新兴争议。

为了实现这些理论、实践甚至方法论目标,引言(第一章)中提出的三组研究问题在实证层面均得到了解答,问题及主要答案总结如下。

(1)内部新移民通过四种主要出行方式(即步行、骑行、公共交通出行和驾驶小汽车)的出行频率是多少?与本地居民相比有何显著不同?在统计显著性方面,决定内部新移民使用四种主要出行方式出行的频率的因素(尤其是建成环境)与决定本地居民出行频率的因素有何不同?

厦门市新移民的社会经济地位明显比本地居民要低。平均来看,新移民每天的出行次数比本地居民少,且更加依赖步行、骑行和公共交通出行。相比之下,本地居民的日常出行更多通过驾驶小汽车或公共交通出行来完成。出行频率的决定因素在新移民和本地居民之间有所不同。对于本地居民来说,大多数社会经济属性特征和建成环境变量是显著的决定因素。相比之下,对于新移民来说,他们的出行频率更多地受到社会经济属性特征的影响。与新移民出行频率显著相关的建成环境变量包括土地利用混合度和到最近商业中心的距离。建成环境对新移民出行频率影响较小这一发现可以归因于"交通同化"效应。

(2)新移民在厦门选择三种主要出行方式(即活力出行、公共交通出行和驾驶小汽车)进行通勤的情况如何?他们与本地居民的出行方式选择有何不同?建成环境是否比其他因素(例如社会经济因素)在预测通勤方式选择上扮演更重要的角色?建成环境对新移民的通勤方式选择的相对贡献与对本地居民的有何不同?

厦门岛的新移民更倾向于选择活力出行或公共交通出行作为通勤方式,这两种方式的总份额高达86.7%。相比之下,大约三分之一的本地居民依赖驾驶小汽车进行通勤,大约40%的本地居民选择公共交通出行。对于这两类社会群体来说,与社会经济属性特征和出行特征相比,建成环境在预测通勤方式选择方面扮演着更重要的角色。建成环境对新移民通勤方式选择的总相对重要性为35.38%,这比对本地居民(42.84%)的影响要小。这一发现证实了新移民可能正在经历一个"交通同化"的过程,且建成环境对他们通勤方式选择的影响存在时间滞后效应。对于这两类群体来说,到市中心的距离是影响通勤方式选择的最重要因素,人口密度也有很大的贡献。LightGBM模型的结果与多项逻辑模型的结果基本一致。

(3)新移民的通勤时长是否明显长于本地居民？建成环境对新移民通勤时长的贡献与对本地居民的贡献有何不同？建成环境与新移民和本地居民通勤时长之间是否存在非线性关系？建成环境与通勤时长的关联形式在新移民和本地居民之间有何不同？

厦门岛的新移民的平均通勤时长为28.23分钟，略低于本地居民的28.59分钟。建成环境对新移民通勤时长的相对贡献为59.96%，而对本地居民则为65.07%，显示出建成环境对本地居民的通勤时长影响稍大。所有建成环境变量对新移民和本地居民的通勤时长都有明显的非线性影响和阈值效应。新移民与本地居民之间，建成环境与通勤时长的关系在形式、斜率或阈值上存在差异；居住地和工作地点附近的建成环境变量的影响模式也呈现不同。

第二节 理论意义

通过对比研究建成环境与新移民/本地居民的出行行为之间的关系，并基于中国厦门的实证案例，结合传统统计方法和最先进的机器学习方法，本书具有以下五个方面的重要理论意义：

第一，本书揭示了针对新移民的交通不利因素。现有文献已经确定了几类在交通方面处于不利地位的人群，如老年人、儿童、残疾人和低收入人群，这些人群由于缺乏身体能力或交通资源（可用性或可负担能力）而遭受交通不利（Giuliano, 2005; Engels et al., 2011; Páez et al., 2012; Ricciardi et al., 2015; Adeel et al., 2016）。此外，研究人员已经广泛研究了发达国家情境下国际新移民的出行行为，并发现他们面临的交通不利是多维和更复杂的。与国际新移民类似，新移民可能面临多重交通不利。虽然他们可能在身体能力上面临较小程度的不足，但他们可能在交通资源上存在较大程度的不足。此外，他们可能面临语言或文化障碍、对城市环境的不熟悉以及各种制度约束。然而，现有文献缺乏对国内新移民所面临的交通不利如何在他们的出行行为中体现以及在多大程度上体现的全面考察。通过调查新移民的三个出行行为维度，本书部分填补了这一空白。本书研究发现：新移民平均每天的出行次数比本地居民少，他们的出行主要通过步行、骑行和公共交通出行完成；他们对活力出行和公共交通出行的依赖性更强，而本地居民对小汽车驾驶的依赖性更高；有趣的是，他们的平均通勤时长略短于本地居民，但这很可能是以低质量的生活条件和居住隔离为代价的。建议研究类似主题（如新移民、交通不利和社会公正)的学者,更多关注新移民的出行行为,并努力解开交通劣势如何塑造他们出行行为的复杂机制,并考查这些不利因素及其出行行为将如何危及他们的社会融合和福祉。

第二,本书为新移民的"交通同化"过程的存在提供了证据。"交通同化"被证实在发达国家情境下的国际新移民群体中普遍存在。(Tal et al.,2010)。然而,对于内部新移民的出行行为研究来说,这仍是一个全新的研究视角。基于传统统计方法,即多层零膨胀负二项回归模型,本书揭示了建成环境对本地居民出行频率的影响比对新移民的影响更为显著,这一点通过统计显著性得到了体现。同时,基于机器学习方法,包括 LightGBM 模型和随机森林模型,本书进一步证实了建成环境对本地居民的通勤方式选择和通勤时长的影响大于对新移民的影响,这一点通过相对重要性/贡献得到了展示。这些结果揭示了社会经济差异在建成环境对出行行为的影响大小上的干扰效应,同时表明,与国际新移民类似,新移民也经历了交通同化的过程。目前尚不清楚的是,新移民需要多长时间才能完全适应目的地城市市生活,完成"交通同化"过程,这需要进一步研究探索。

第三,本书针对建成环境与出行行为关系的一些争议提供了证据。出行行为一直是研究的热点话题,建成环境与出行行为之间的关系吸引了大量研究者的关注。然而,关于建成环境与出行行为之间的关联存在争议。一些因素(例如情境、社会经济属性和出行目的)的混杂或调节效应已被广泛证实。此外,一些研究者质疑建成环境对出行行为的影响幅度(效应大小),因此怀疑通过干预建成环境来改变出行行为的有效性。关于建成环境与出行行为之间关系的形式也同样出现了争议。本书聚焦中国新移民的出行行为,强调了区分不同情境、人群和出行目的的重要性。更重要的是,研究结果证实了建成环境总体上对出行行为的影响大于社会经济因素,证明关于建成环境与出行行为关系的研究和实践努力是十分必要的。它还揭示了建成环境与出行行为关系中的显著非线性,这放宽了传统的线性或广义线性假设。

第四,本书强调了建成环境与出行行为关系中的社会经济群体差异。

从方法论角度来看,本书中的三项实证分析分别关注了(统计)显著性、效应大小(幅度)和形式。通过比较新移民和本地居民的结果,本书强调了建成环境对出行行为的影响在显著性、效应大小和形式上的社会经济群体差异。具体来说,建成环境对新移民出行频率的影响不那么显著,它在预测新移民通勤方式选择上的相对贡献较小,且其与新移民通勤时间的非线性关系在形式、斜率或阈值上与本地居民不同。这些确定的社会经济群体差异强调了在未来研究中区分不同社会群体的重要性。

第五,本书凸显了传统统计方法和最先进的机器学习方法的优势和局限性。近年来,一些最先进的方法,如机器学习方法,在交通研究领域得到了越来越多的应用。本书同时采用传统统计方法和最先进的机器学习方法,并对它们的一些性能进行了比较,从而突出了它们各自的优势和局限性。具体来说,传统统计方法擅长通过估计系数和置信区间来解释模型结果,但它们对数据分布、误差项和关系形式有严格的假设。相比之下,机器学习方法"让数据自己说话",没有上述假设;但它们不能进行系数估计或显著性检验。然而,对于基于树的集成机器学习方法,已经开发出了一些适当的方法,如变量相对重要性和部分依赖图,这些方法也能提供对模型结果的明确解释,一定程度上打开了"黑箱"。此外,在预测准确性方面,机器学习方法超过了传统统计方法。

第三节　政策启示

除了理论意义之外,本书对于政策制定也有一些重要的启示,特别是在中国这样一个经历了快速城市化、经济发展和社会转型,以及有着大规模新移民的国家。本书的发现为中国的城市和交通规划与发展提供了洞见,以建设高可持续性、高包容性和高韧性城市。

第一,本书揭示了中国城市中的新移民作为一个处于劣势地位的社会群体在交通方面的状况,这要求实践者和政策制定者转变观念和策略。新移民平均每天的出行次数比本地居民少,且主要通过步行、骑行和公共交通出行完成;他们对活力出行和公共交通出行的依赖性更强;他们的平均通勤时长略短于本地居民,但这种现象可能是以低质量的生活条件和居住隔离为代价的。鉴于这些发现,城市和交通规划者以及政策制定者应该认真考虑新移民与本地居民之间的差异,特别关注新移民的出行需求,避免仅根据本地居民的声音做出决策。同时,可以采取一些针对性措施来减轻对新移民的交通不公正,帮助他们更好地适应目的地城市的生活。例如,提供更多优质的基础设施以支持活力出行和公共交通出行,可以更好地满足新移民的出行需求。

第二,本书揭示了建成环境对新移民和本地居民出行行为影响的社会经济群体差异,以及建成环境变量相对重要性的排序,提供了丰富的政策启示。它为新移民"交通同化"过程的存在提供了更直接的证据,并暗示建成环境对他们出行行为的影响具有时间滞后效应。鉴于这一发现,城市和交通规划者在决策时应该考虑建成环境变量对交通出行影响的社会经济群体差异。例如,在主要由新移民居住的社区(如新移民社区)实施适合本地居民(或一般人群)的建成环境干预措施,其效果可能会大打折扣。在这些社区中,一些非建成环境措施可能更为有效,如举办帮助新移民熟悉城市的介绍会、开展技能培训计划以及提供文化适应和社会支持。这些措施可以帮助新移民更快地完成"交通同化"过程。此外,本书发现到市中心的距离和人口密度是预测国内外新移民和本地居民出行方式选择的最重要建成环境变量。这一发现意味着在干预出行方式选择时,应优先考虑区域可达性和发展紧凑性。

第三,本书揭示了建成环境对新移民和本地居民通勤时长的明显的非线性影响和阈值效应,为政策制定者提供了减轻通勤负担的最有效建成环境干预区间。各变量对这两类社会群体的影响在形式、斜率和阈值上存在差异,居住地和工作地点附近的建成环境影响形式也呈现不同。决策者应考虑这些差异,并为两类人群定制个性化的政策。例如,对于新移民来说,人口密度的有效范围是 $0 \sim 10,000$ 人$/km^2$,而对于本地居民则是 $0 \sim 12,000$ 人$/km^2$。人口密度过大的区域被发现会增加通勤时长。土地利用混合度在 0.6 以内对减少两类社会群体的通勤时长最有效,而过度混合的土地利用几乎没有影响或甚至有不利影响。这些发现意味着,追求紧凑性是值得的,而过度集中应该避免。此外,居住或工作在距中央商务区大约 10 km 远的地区的新移民拥有最短的通勤时长,而本地居民的理想居住或工作地点距离中央商务区 7.5 km。对于新移民和本地居民来说,工作密度的最优值分别是 150 个$/km^2$ 和 200 个$/km^2$。过大的工作密度加剧了通勤负担——尤其是对新移民而言。这些阈值可以帮助政策制定者更好地规划区域可达性。此外,建造连通性高的街道和提供更好的公共交通服务也可以在一定范围内帮助新移民和本地居民减轻通勤负担。

第七章　结论与展望

第四节　研究局限与未来展望

当然,本书存在一些局限性,这些局限性值得未来进一步探索。

首先,本书中使用的出行数据收集于 2015 年,这是目前关于厦门居民出行行为的最新、可获取的数据集。随着时间的推移,厦门居民的出行模式可能会发生一些变化,特别是在一些重大交通基础设施完成后(例如厦门地铁)。未来的研究可以利用更新的数据集来更新对厦门居民出行行为的了解。同时,出行数据中的出行信息是由受访者自我汇报的,因此可能存在错误和不准确之处。

其次,由于数据来源的限制,一些常用的变量没有被纳入分析中。例如,个人或家庭收入就没有被包括在内。幸运的是,这可以通过一些其他的社会经济变量来部分替代,比如职业类别、住房性质和住房大小。心理和态度变量也没有被包括在研究中;因此,潜在的居住自选择问题没有得到解决。尽管居住自选择效应的存在与否、方向和大小尚存在争议,未来的研究可以考虑纳入这些变量,以避免对建成环境效应的高估或低估。

再次,本研究是横断面研究。因此,它只能检测相关性而不是因果关系。未来的研究可以利用关于新移民和本地居民出行行为的纵向或面板数据,深入考察建成环境对出行行为的影响,并得出相应的因果关系。同时,这些数据可以用来进一步探索在发展中国家情境下新移民的"交通同化"过程和"时间滞后"效应。

最后,本书研究的结果可能仅适用于特定情境。这些结果极可能不适用于发达国家情境(如美国)。但它们可以作为一些经历了快速城市化并且以大规模国内新移民为特征的发展中国家的参考。需要更多的类似主题研究来寻求普遍性发现。同时,作者建议进行不同情境之间的比较研究。

参考文献

ADEEL M, YEH A G-O, ZHANG F, 2016. Transportation disadvantage and activity participation in the cities of Rawalpindi and Islamabad, Pakistan[J]. Transport policy, 47: 1-12.

ADKINS A, MAKAREWICZ C, SCANZE M, et al, 2017. Contextualizing walkability: Do relationships between built environments and walking vary by socioeconomic context? [J]. Journal of the American planning association, 83(3): 296-314.

AFRIDI F, LI S X, REN Y, 2015. Social identity and inequality: The impact of China's hukou system[J]. Journal of public economics, 123: 17-29.

ALLEN R, WANG J, 2020. Immigrant legal status and commutemode choice for Hispanics in the United States[J]. Journal of the American planning association, 86(3): 284-296.

ALMEIDA J, BIELLO K B, PEDRAZA F, et al, 2016. The association between anti-immigrant policies and perceived discrimination among Latinos in the US: A multilevel analysis[J]. SSM-population health, 2: 897-903.

ANTIPOVA A, WANG F, WILMOT C, 2011. Urban land uses, socio-demographic attributes and commuting: A multilevel modeling approach[J]. Applied Geography, 31(3): 1010-1018.

BELL M, CHARLES-EDWARDS E, UEFFING P, et al, 2015.

Internal migration and development: Comparing migration intensities around the world[J]. Population and development review, 41(1): 33-58.

BERRIGAN D, PICKLE L W, DILL J, 2010. Associations between street connectivity and active transportation[J]. International journal of health geographics, 9(1): 20.

BESSER L M, DANNENBERG A L, 2005. Walking to public transit: Steps to help meet physical activity recommendations [J]. American journal of preventive medicine, 29(4): 273-280.

BLUMENBERG E, 2009. Moving in and moving around: Immigrants, travel behavior, and implications for transport policy[J]. Transportation letters, 1(2): 169-180.

BLUMENBERG E, SMART M, 2010. Getting by with a little help from my friends and family: Immigrants and carpooling[J]. Transportation, 37(3): 429-446.

BLUMENBERG E, SMART M, 2014. Brother can you spare a ride? Carpooling in immigrant neighbourhoods [J]. Urban studies, 51(9): 1871-1890.

BÖCKER L, VAN AMEN P, HELBICH M, 2017. Elderly travel frequencies and transport mode choices in Greater Rotterdam, the Netherlands[J]. Transportation, 44(4): 831-852.

BOHON S A, STAMPS K, ATILES J H, 2008. Transportation and migrant adjustment in Georgia [J]. Population research and policy review, 27(3): 273-291.

BOHTE W, MAAT K, VAN WEE B, 2009. Measuring attitudes in research on residential self-selection and travel behaviour: A review of theories and empirical research[J]. Transport reviews, 29(3): 325-357.

BOYLE P, HALFACREE K, ROBINSON V, 2014. Exploring contemporary migration[M]. London: Routledge.

BREIMAN L, 2001. Random forests[J]. Machine learning, 45(1):

5-32.

BROWN D E, 2015. Textmining the contributors to rail accidents [J]. IEEE transactions on intelligent transportation systems, 17(2): 346-355.

BUEHLER R, 2010. Transport policies, automobile use, and sustainable transport: A comparison of Germany and the United States [J]. Journal of planning education and research, 30(1): 76-93.

BUEHLER R, 2011. Determinants of transport mode choice: A comparison of Germany and the USA [J]. Journal of transport geography, 19(4): 644-657.

BUHR F, 2018a. A user's guide to Lisbon: Mobilities, spatial apprenticeship and migrant urban integration[J]. Mobilities, 13(3): 337-348.

BUHR F, 2018b. Using the city: Migrant spatial integration as urban practice[J]. Journal of ethnic and migration studies, 44(2): 307-320.

CALDERWOOD C, MITROPOULOS T, 2021. Commuting spillover: A systematic review and agenda for research[J]. Journal of organizational behavior, 42(2): 162-187.

CAO J, 2017. Land use and transportation in China [J]. Transportation research part D: Transport and environment, 52: 423-427.

CAO X, FAN Y, 2012. Exploring the influences of density on travel behavior using propensity score matching[J]. Environment and planning B: planning and design, 39(3): 459-470.

CAO X, MOKHTARIAN P L, HANDY S L, 2006. Neighborhood design and vehicle type choice: Evidence from Northern California[J]. Transportation research part D: Transport and environment, 11(2): 133-145.

CAO X J, MOKHTARIAN P L, HANDY S L, 2009a. Examining the impacts of residential self-selection on travel behaviour: A focus on empirical findings[J]. Transport reviews, 29(3): 359-395.

CAO X J, MOKHTARIAN P L, HANDY S L, 2009b. The relationship between the built environment and nonwork travel: A case study of Northern California[J]. Transportation research part A: Policy and practice, 43(5): 548-559.

CAO X J, XU Z, FAN Y, 2010. Exploring the connectionsamong residential location, self-selection, and driving: Propensity score matching with multiple treatments[J]. Transportation research part A: Policy and practice, 44(10): 797-805.

CARD D, 2009. Immigration and inequality[J]. American economic review, 99(2): 1-21.

CERVERO R, 2002. Built environments andmode choice: Toward a normative framework[J]. Transportation research part D: Transport and environment, 7(4): 265-284.

CERVERO R, DUNCAN M, 2006. Which reduces vehicle travel more: Jobs-housing balance or retail-housing mixing?[J]. Journal of the American planning association, 72(4): 475-490.

CERVERO R, KOCKELMAN K, 1997. Travel demand and the 3Ds: Density, diversity, and design[J]. Transportation research part D: transport and environment, 2(3): 199-219.

CHAN E T, SCHWANEN T, BANISTER D, 2019. The role of perceived environment, neighbourhood characteristics, and attitudes in walking behaviour: Evidence from a rapidly developing city in China[J]. Transportation: 1-24.

CHAN K W, 2009. The Chinese hukou system at 50[J]. Eurasian geography and economics, 50(2): 197-221.

CHATMAN D G, KLEIN N, 2009. Immigrants and travel demand

in the United States: Implications for transportation policy and future research[J]. Public works management & policy, 13(4): 312-327.

CHATMAN D G, KLEIN N J, 2013. Why do immigrants drive less? Confirmations, complications, and new hypotheses from a qualitative study in New Jersey, USA[J]. Transport policy, 30: 336-344.

CHATTERJEE K, CHNG S, CLARK B, et al, 2020. Commuting and wellbeing: A critical overview of the literature with implications for policy and future research[J]. Transport reviews, 40(1): 5-34.

CHEN C, GONG H, PAASWELL R, 2008. Role of the built environment on mode choice decisions: Additional evidence on the impact of density[J]. Transportation, 35(3): 285-299.

CHEN S, LIU Z, 2016. What determines the settlement intention of rural migrants in China? Economic incentives versus sociocultural conditions[J]. Habitat international, 58: 42-50.

CHENG L, CHEN X, DE VOS J, et al, 2019a. Applying a random forest method approach to model travel mode choice behavior[J]. Travel behaviour and society, 14: 1-10.

CHENG L, DE VOS J, SHI K, et al, 2019b. Do residential location effects on travel behavior differ between the elderly and younger adults? [J]. Transportation research part D: Transport and environment, 73: 367-380.

CHENG L, DE VOS J, ZHAO P, et al, 2020. Examining non-linear built environment effects on elderly's walking: A random forest approach [J]. Transportation research part D: transport and environment, 88: 102552.

CHUDYK A M, WINTERS M, MONIRUZZAMAN M, et al, 2015. Destinations matter: The association between where older adults live and their travel behavior[J]. Journal of transport & health, 2(1): 50-57.

CHUNG Y, CHOI K, PARK J et al, 2014. Social exclusion and transportation services: A case study of unskilled migrant workers in South Korea[J]. Habitat international, 44: 482-490.

COLAS M, GE S, 2019. Transformations in China's internal labor migration and hukou system[J]. Journal of labor research, 40(3): 296-331.

CONNELLY R, ROBERTS K, ZHENG Z, 2011. The settlement of rural migrants in urban China-some of China's migrants are not 'floating' anymore [J]. Journal of Chinese economic and business studies, 9(3): 283-300.

DAI D, ZHOU C, YE C, 2016. Spatial-temporal characteristics and factors influencing commuting activities of middle-class residents in Guangzhou city, China[J]. Chinese geographical science, 26(3): 410-428.

DAVIS A N, CARLO G, SCHWARTZ S J, et al, 2016. The longitudinal associations between discrimination, depressive symptoms, and prosocial behaviors in US Latino/a recent immigrant adolescents[J]. Journal of youth and adolescence, 45(3): 457-470.

DING C, CAO X, DONG M, et al, 2019. Non-linear relationships between built environment characteristics and electric-bike ownership in Zhongshan, China [J]. Transportation research part D: Transport and environment, 75: 286-296.

DING C, CAO X, WANG Y, 2018a. Synergistic effects of the built environment and commuting programs on commute mode choice [J]. Transportation research part A: policy and practice, 118: 104-118.

DING C, CAO X, YU B, et al, 2021. Non-linear associations between zonal built environment attributes and transit commuting mode choice accounting for spatial heterogeneity [J]. Transportation research part A: policy and practice, 148: 22-35.

DING C, CAO X J and NæSS P, 2018b. Applying gradient boosting decision trees to examine non-linear effects of the built environment on driving distance in Oslo[J]. Transportation research part A: policy and practice, 110: 107-117.

DING C, LIN Y, LIU C, 2014. Exploring the influenceof built environment on tour-based commuter mode choice: A cross-classified multilevel modeling approach [J]. Transportation research part D: transport and environment, 32: 230-238.

DING C, LIU C, ZHANG Y, et al, 2017a. Investigating the impactsof built environment on vehicle miles traveled and energy consumption: differences between commuting and non-commuting trips [J]. Cities, 68: 25-36.

DING C, MISHRA S, LU G, et al, 2017b. Influences of built environment characteristics and individual factors on commuting distance: a multilevel mixture hazard modeling approach [J]. Transportation research part D: transport and environment, 51: 314-325.

ELITH J, LEATHWICK J R, HASTIE T, 2008. A working guide to boosted regression trees[J]. Journal of animal ecology, 77(4): 802-813.

ELSHIEWY O, GUHL D, BOZTUG Y, 2017. Multinomial logit models in marketing-from fundamentals to state-of-the-art [J]. Marketing ZFP, 39(3): 32-49.

ENGELS B, LIU G-J, 2011. Social exclusion, location and transport disadvantage amongst non-driving seniors in a Melbourne municipality, Australia[J]. Journal of transport geography, 19(4): 984-996.

ETMINANI-GHASRODASHTI R, ARDESHIRI M, 2016. The impactsof built environment on home-based work and non-work trips: An empirical study from Iran[J]. Transportation research part A: policy and practice,85: 196-207.

ETTEMA D,FRIMAN M,GÄRLING T,et al,2016. Travel mode use,travel mode shift and subjective well-being: Overview of theories, empirical findings and policy implications[J]. Mobility, sociability and well-being of urban living: 129-150.

EWING R,CERVERO R,2001. Travel and the built environment: a synthesis [J]. Transportation research record: Journal of the transportation research board,1780(1780): 87-114.

EWING R,CERVERO R,2010. Travel and the built environment: a meta-analysis[J]. Journal of the American planning association, 76 (3): 265-294.

EWING R,CERVERO R,2017. "Does compact development make people drive less?" the answer is yes [J]. Journal of the American planning association,83(1): 19-25.

EWING R,TIAN G,GOATES J,et al,2015. Varying influences of the built environment on household travel in 15 diverse regions of the United States[J]. Urban studies,52(13): 2330-2348.

FAN J X, WEN M, WAN N, 2017. Built environment and active commuting: rural-urban differences in the US [J]. SSM-population health,3: 435-441.

FAN Y, ALLEN R, SUN T, 2014. Spatial mismatch in Beijing, China: Implications of job accessibility for Chinese low-wage workers [J]. Habitat international,44: 202-210.

FARGUES P,2011. International migration and the demographic transition: A two-way interaction[J]. International migration review, 45(3): 588-614.

FENG J,2017. The influenceof built environment on travel behavior of the elderly in urban China [J]. Transportation research part D: Transport and environment,52: 619-633.

FIELDS N, CRONLEY C, MATTINGLY S P, et al, 2019. "You are really at their mercy": Examining the relationship between transportation disadvantage and social exclusion among older adults through the use of innovative technology[J]. Transportation research record, 2673(7): 12-24.

FORSYTH A, OAKES J M, LEE B, et al, 2009. The built environment, walking, and physical activity: Is the environment more important to some people than others?[J]. Transportation research part D: Transport and environment, 14(1): 42-49.

FRANK L, KERR J, CHAPMAN J, et al, 2007a. Urban form relationships with walk trip frequency and distance among youth[J]. American journal of health promotion, 21(4_suppl): 305-311.

FRANK L D, PIVO G, 1994. Impacts of mixed use and density on utilization of three modes of travel: single-occupant vehicle, transit, and walking[J]. Transportation research record, 1466: 44-52.

FRANK L D, SAELENS B E, POWELL K E, et al, 2007b. Stepping towards causation: do built environments or neighborhood and travel preferences explain physical activity, driving, and obesity?[J]. Social science & medicine, 65(9): 1898-1914.

FRANK L D, SALLIS J F, SAELENS B E, LEARY L, CAIN K, CONWAY T L and HESS P M, 2010. The development of a walkability index: application to the neighborhood quality of life study[J]. Britishjournal of sports medicine, 44(13): 924-933.

FRANK L D, SCHMID T L, SALLIS J F, et al, 2005. Linking objectively measured physical activity with objectively measured urban form: findings from SMARTRAQ[J]. American journal of preventive medicine, 28(2): 117-125.

FRIEDMAN J H, 2001. Greedy function approximation: a gradient boosting machine[J]. Annals of statistics: 1189-1232.

GALSTER G C, 2018. Nonlinear and threshold effects related to neighborhood: Implications for planning and policy[J]. Journal of Planning Literature, 33(4): 492-508.

GAN Z, YANG M, FENG T, et al, 2020. Examining the relationship between built environment and metro ridership at station-to-station level [J]. Transportation research part D: Transport and environment, 82: 102332.

GAO B, HUANG Q, HE C, et al, 2016. How does sprawl differ across cities in China? A multi-scale investigation using nighttime light and census data[J]. Landscape and urban planning, 148: 89-98.

GILES-CORTI B, BULL F, KNUIMAN M, et al, 2013. The influence of urban design on neighbourhood walking following residential relocation: longitudinal results from the RESIDE study[J]. Social science & medicine, 77: 20-30.

GILES-CORTI B, VERNEZ-MOUDON A, REIS R, et al, 2016. City planning and population health: A global challenge[J]. The lancet, 388(10062): 2912-2924.

GIM T-H T, 2011. Influences on trip frequency according to travel purposes: A structural equation modeling approach in Seoul, South Korea[J]. Environment and planning B: Planning and design, 38(3): 429-446.

GIULIANO G, 2005. Low income, public transit, and mobility[J]. Transportation research record, 1927(1): 63-70.

GONG P, LIANG S, CARLTON E J, et al, 2012. Urbanisation and health in China[J]. The lancet, 379(9818): 843-852.

GUAN X, WANG D, 2019. Residential self-selection in the built environment-travel behavior connection: Whose self-selection?[J]. Transportation research part D: Transport and environment, 67: 16-32.

GUAN X, WANG D, CAO JASON X, 2020. The role of residential

self-selection in land use-travel research: a review of recent findings[J]. Transport reviews, 40(3): 267-287.

GUO Y, PEETA S, SOMENAHALLI S, 2017. The impact of walkable environment on single-family residential property values[J]. Journal of transport and land use, 10(1): 241-261.

GUO Y, WANG J, PEETA S et al, 2018. Impacts of internal migration, household registration system, and family planning policy on travel mode choice in China[J]. Travel behaviour and society, 13: 128-143.

HAGENAUER J, HELBICH M, 2017. A comparative study of machine learning classifiers for modeling travel mode choice[J]. Expert systems with applications, 78: 273-282.

HANDY S, 2017. Thoughts on the meaning of Mark Stevens's meta-analysis[J]. Journal of the American planning association, 83(1): 26-28.

HANDY S, CAO X, MOKHTARIAN P, 2005. Correlation or causality between the built environment and travel behavior? Evidence from Northern California[J]. Transportation research part D: Transport and environment, 10(6): 427-444.

HANDY S, CAO X, MOKHTARIAN P L, 2006. Self-selection in the relationship between the built environment and walking: Empirical evidence from Northern California[J]. Journal of the American planning association, 72(1): 55-74.

HANSSON E, MATTISSON K, BJÖRK J, et al, 2011. Relationship between commuting and health outcomes in a cross-sectional population survey in southern Sweden[J]. BMC public health, 11(1): 1-14.

HESS D B, 2009. Access to public transit and its influence on ridership for older adults in two US cities[J]. Journal of transport and land use, 2(1): 3-27.

HONG J, SHEN Q, ZHANG L, 2014. How do built-environment factors affect travel behavior? A spatial analysis at different geographic scales[J]. Transportation, 41(3): 419-440.

HONG J, THAKURIAH P, 2018. Examining the relationship between different urbanization settings, smartphone use to access the Internet and trip frequencies[J]. Journal of transport geography, 69: 11-18.

HOOIJER G, PICOT G, 2015. European welfare states and migrant poverty: the institutional determinants of disadvantage[J]. Comparative political studies, 48(14): 1879-1904.

HU L, 2017. Changing travel behavior of Asian immigrants in the US[J]. Transportation research part A: policy and practice, 106: 248-260.

HU X, COOK S, SALAZAR M A, 2008. Internal migration and health in China[J]. The lancet, 372(9651): 1717-1719.

HUANG X, CAO X J, CAO X, et al, 2016. How does the propensity of living near rail transit moderate the influence of rail transit on transit trip frequency in Xi'an? [J]. Journal of transport geography, 54: 194-204.

JIN J, 2019. The effects of labor market spatial structure and the built environment on commuting behavior: Considering spatial effects and self-selection[J]. Cities, 95: 102392.

KE G, MENG Q, FINLEY T, et al, 2017. Lightgbm: A highly efficient gradient boosting decision tree [J]. Advances in neural information processing systems, 30.

KEMPERMAN A, TIMMERMAN H, 2009. Influences of built environment on walking and cycling by latent segments of aging population [J]. Transportation research record: Journal of the transportation research board, 2134(1): 1-9.

KIM K, KWON K, HORNER M W, 2021. Examining the effects of the built environment on travel model choice across different age groups in Seoul using a random forest method[J]. Transportation research record, 2675(8), 670-683.

KOOHSARI M J, SUGIYAMA T, LAMB K E, et al, 2014. Street connectivity and walking for transport: Role of neighborhood destinations[J]. Preventive medicine, 66: 118-122.

KOSTER H R, ROUWENDAL J, 2012. The impact of mixed land use on residential property values[J]. Journal of regional science, 52(5): 733-761.

KUANG L, LIU L, 2012. Discrimination against rural-to-urban migrants: The role of the hukou system in China[J]. PloS one, 7(11): e46932.

LAU J C-Y, 2013. Sustainable urban transport planning and the commuting patterns of poor workers in a historic inner city in Guangzhou, China[J]. Habitat international, 39: 119-127.

LAU J C-Y, CHIU C C, 2013. Dual-track urbanization and co-location travel behavior of migrant workers in new towns in Guangzhou, China[J]. Cities, 30: 89-97.

LECK E, 2006. The impact of urbanform on travel behavior: A meta-analysis[J]. Berkeley planning journal, 19(1): 37-58.

LEE R J, SENER I N, 2016. Transportation planning and quality of life: Where do they intersect?[J]. Transport policy, 48: 146-155.

LI B, 2006. Floating population or urban citizens? Status, social provision and circumstances of rural-urban migrants in China[J]. Social policy & administration, 40(2): 174-195.

LI Q, DU H, CHI P, 2021. Job stress and well-being among internal migrant workers in China: A review and meta-analysis[J]. Applied psychology: Health and well-being, 13(3): 537-558.

LI S-M, LIU Y, 2016. The jobs-housing relationship and commuting in Guangzhou, China: Hukou and dual structure[J]. Journal of transport geography, 54: 286-294.

LI Y, XIONG W, WANG X, 2019. Does polycentric and compact development alleviate urban traffic congestion? A case study of 98 Chinese cities[J]. Cities, 88: 100-111.

LIN D, LI X, WANG B, et al, 2011. Discrimination, perceived social inequity, and mental health among rural-to-urban migrants in China[J]. Community mental health journal, 47(2): 171-180.

LIN T, WANG D, GUAN X, 2017. The built environment, travel attitude, and travel behavior: Residential self-selection or residential determination?[J]. Journal of transport geography, 65: 111-122.

LITMAN T, 1999. Evaluating transportation equity[M]. Victoria, BC, Canada: Victoria Transport Policy Institute.

LIU C, SUN Y, CHEN Y, et al, 2018a. The effect of residential housing policy on car ownership and trip chaining behaviour in Hangzhou, China[J]. Transportation research part D: Transport and environment, 62: 125-138.

LIU C Y, PAINTER G, 2012. Travel behavior among Latino immigrants: The role of ethnic concentration and ethnic employment [J]. Journal of planning education and research, 32(1): 62-80.

LIU J, WANG B, XIAO L, 2021. Non-linear associations between built environment and active travel for working and shopping: An extreme gradient boosting approach[J]. Journal of transport geography, 92: 103034.

LIU J, XIAO L, YANG L, et al, 2020. A tale of two social groups in Xiamen, China: Trip frequency of migrants and locals andits determinants[J]. Travel behaviour and society, 20: 213-224.

LIU L, HUANG Y, ZHANG W, 2018b. Residential segregation and

perceptions of social integration in Shanghai, China[J]. Urban studies, 55(7): 1484-1503.

LIU R, SCHACHTER H L, 2007. Mobility information needs of immigrants with limited English proficiency (LEP) in New Jersey[J]. Journal of immigrant & refugee studies, 5(2): 89-108.

LIU Y, DIJST M, GEERTMAN S, 2014. Residential segregation and well-being inequality between local and migrant elderly in Shanghai[J]. Habitat international, 42: 175-185.

LIU Y, DIJST M and GEERTMAN S, 2015. Residential segregation and well-being inequality over time: A study on the local and migrant elderly people in Shanghai[J]. Cities, 49: 1-13.

LU Y, SUN G, SARKAR C, et al, 2018. Commutingmode choice in a high-density city: Do land-use density and diversity matter in Hong Kong?[J]. International journal of environmental research and public health, 15(5): 920.

LU Y and WANG F, 2013. From general discrimination to segmented inequality: Migration and inequality in urban China [J]. Social science research, 42(6): 1443-1456.

LU Y, XIAO Y, YE Y, 2017. Urban density, diversity and design: Is more always better for walking? A study from Hong Kong [J]. Preventive medicine, 103: S99-S103.

MA L, DILL J, 2015. Associations between the objective and perceived built environment and bicycling for transportation[J]. Journal of transport & health, 2(2): 248-255.

MA L, YE R, 2019. Does daily commuting behavior matter to employee productivity?[J]. Journal of transport geography, 76: 130-141.

MANAUGH K, KREIDER T, 2013. What is mixed use? Presenting an interaction method for measuring land use mix [J]. Journal of transport and land use, 6(1): 63-72.

MANVILLE M, 2017. Travel and the built environment: Time for change[J]. Journal of the American planning association, 83(1): 29-32.

MARKLEY S, 2018. Suburban gentrification? Examining the geographies of New Urbanism in Atlanta's inner suburbs[J]. Urban geography, 39(4): 606-630.

MARSHALL J D, BRAUER M, FRANK L D, 2009. Healthy neighborhoods: Walkability and air pollution[J]. Environmental health perspectives, 117(11): 1752-1759.

MARSHALL W E, GARRICK N W, 2010. Effect of street network design on walking and biking[J]. Transportation research record, 2198(1): 103-115.

MCCRAY T, BRAIS N, 2007. Exploring the role of transportation in fostering social exclusion: The use of GIS to support qualitative data[J]. Networks and spatial economics, 7(4): 397-412.

MITRA R, BULIUNG R N, 2012. Built environment correlates of active school transportation: Neighborhood and the modifiable areal unit problem[J]. Journal of transport geography, 20(1): 51-61.

MITRA R, NASH S, 2019. Can the built environmentexplain gender gap in cycling? An exploration of university students' travel behavior in Toronto, Canada[J]. International journal of sustainable transportation, 13(2): 138-147.

MOKHTARIAN P L, CAO X, 2008. Examining the impacts of residential self-selection on travel behavior: A focus on methodologies[J]. Transportation research part B: Methodological, 42(3): 204-228.

MOKHTARIAN P L, SALOMON I, 2001. How derived is the demand for travel? Some conceptual and measurement considerations[J]. Transportation research part A: Policy and practice, 35(8): 695-719.

MOLLOY R, SMITH C L, WOZNIAK A, 2011. Internal migration in the United States[J]. Journal of economic perspectives, 25(3): 173-196.

MUNSHI T, 2016. Built environment andmode choice relationship for commute travel in the city of Rajkot, India [J]. Transportation research part D: Transport and environment, 44: 239-253.

NAGEL C L, CARLSON N E, BOSWORTH M, et al, 2008. The relation between neighborhood built environment and walking activity among older adults[J]. American journal of epidemiology, 168(4): 461-468.

NASRI A, CARRION C, ZHANG L, et al, 2020. Using propensity score matching technique to address self-selection in transit-oriented development(TOD) areas[J]. Transportation, 47(1): 359-371.

NASRI A, ZHANG L, 2014. The analysis of transit-oriented development(TOD) in Washington, DC and Baltimore metropolitan areas [J]. Transport policy, 32: 172-179.

NASRI A, ZHANG L, 2019. Multi-level urban form and commuting modeshare in rail station areas across the United States: A seemingly unrelated regression approach[J]. Transport policy, 81: 311-319.

OLIVEIRA R, MOURA K, VIANA J, et al, 2015. Commute duration and health: Empirical evidence from Brazil[J]. Transportation research part A: Policy and practice, 80: 62-75.

OPPONG-YEBOAH N Y, GIM T-H T, 2020. Does urban form influence automobile trip frequency in Accra, Ghana? [J]. Journal of transport and land use, 13(1): 71-92.

ÖZKAZANÇ S, SÖNMEZ F N Ö, 2017. Spatial analysis of social exclusion from a transportation perspective: A case studyof Ankara metropolitan area[J]. Cities, 67: 74-84.

PÁEZ A, FARBER S, 2012. Participation and desire: Leisure

activities among Canadian adults with disabilities[J]. Transportation, 39(6): 1055-1078.

PARK A, WANG D, 2010. Migration and urban poverty and inequality in China[J]. China economic journal, 3(1): 49-67.

PETTERSSON P, SCHMÖCKER J-D, 2010. Active ageing in developing countries?-trip generation and tour complexity of older people in Metro Manila[J]. Journal of transport geography, 18(5): 613-623.

PINJARI A R, PENDYALA R M, BHAT C R, et al, 2011. Modeling the choice continuum: An integrated model of residential location, auto ownership, bicycle ownership, and commute tour mode choice decisions [J]. Transportation, 38(6): 933-958.

POLAVIEJA J G, 2015. Capturing culture: A new method to estimate exogenous cultural effects using migrant populations [J]. American sociological review, 80(1): 166-191.

PORTER A K, KOHLIII H W, PéREZ A, et al, 2020. Bikeability: Assessing the objectively measured environment in relation to recreation and transportation bicycling[J]. Environment and behavior, 52(8): 861-894.

PRIYA UTENG T, 2007. Social sustainability in the transport sector: An essential requisite for sustainable mobility[J]. International journal of environment and sustainable development, 6(2): 113-135.

QU Z, ZHAO Z, 2017. Glass ceiling effect in urban China: Wage inequality of rural-urban migrants during 2002—2007 [J]. China economic review, 42: 118-144.

RICCIARDI A M, XIA J C, CURRIE G, 2015. Exploring public transport equity between separate disadvantaged cohorts: A case study in Perth, Australia[J]. Journal of transport geography, 43: 111-122.

RICH J, VANDET C A, 2019. Is the value of travel time savings increasing? Analysis throughout a financial crisis[J]. Transportation research part A: Policy and practice, 124: 145-168.

RÍOS-SALAS V, LARSON A, 2015. Perceived discrimination, socioeconomic status, and mental health among Latino adolescents in US immigrant families[J]. Children and youth services review, 56: 116-125.

ROOF K, OLERU N, 2008. Public health: Seattle and King County's push for the built environment[J]. Journal of environmental health, 71(1): 24-27.

ROORDA M J, PáEZ A, MORENCY C, et al, 2010. Trip generation of vulnerable populations in three Canadian cities: A spatial ordered probit approach[J]. Transportation, 37(3): 525-548.

SALLIS J F, CONWAY T L, DILLON L I, et al, 2013. Environmental and demographic correlates of bicycling[J]. Preventive medicine, 57(5): 456-460.

SALVO D, REIS R S, STEIN A D, et al, 2014. Characteristics of the Built Environment in Relation to Objectively Measured Physical Activity Among Mexican Adults, 2011[J]. Preventing chronic disease, 11: E147.

SANDOW E, WESTERLUND O, LINDGREN U, 2014. Is your commute killing you? On the mortality risks of long-distance commuting [J]. Environment and planning A, 46(6): 1496-1516.

SARZYNSKI A, WOLMAN H L, GALSTER G, et al, 2006. Testing the conventional wisdom about land use and traffic congestion: The more we sprawl, the less we move?[J]. Urban studies, 43(3): 601-626.

SCHEINER J, 2010. Social inequalities in travel behaviour: Trip distances in the context of residential self-selection and lifestyles[J]. Journal of transport geography, 18(6): 679-690.

SEHATZADEH B, NOLAND R B, WEINER M D, 2011. Walking frequency, cars, dogs, and the built environment[J]. Transportation research part A: Policy and practice, 45(8): 741-754.

ŠEMANJSKI I, 2015. Analysed potential of big data and supervised machine learning techniques in effectively forecasting travel times from fused data[J]. Promet-traffic & transportation, 27(6): 515-528.

SHAO Q, ZHANG W, CAO X, et al, 2020. Threshold and moderating effects of land use on metro ridership in Shenzhen: Implications for TOD planning[J]. Journal of transport geography, 89: 102878.

SHATU F M, KAMRUZZAMAN M, 2014. Investigating the link between transit oriented development and sustainable travel behavior in Brisbane: A case-control study[J]. Journal of sustainable development, 7(4): 61-70.

SHEN J, 2013. Increasing internal migration in China from 1985 to 2005: Institutional versus economic drivers[J]. Habitat international, 39: 1-7.

SHEN Q, CHEN P, PAN H, 2016. Factors affecting car ownership and mode choice in rail transit-supported suburbs of a large Chinese city [J]. Transportation research part A: Policy and practice, 94: 31-44.

SMART M, 2010. US immigrants and bicycling: Two-wheeled in autopia[J]. Transport policy, 17(3): 153-159.

SMART M J, 2015. A nationwide look at the immigrant neighborhood effect on travel mode choice[J]. Transportation, 42(1): 189-209.

SOLTANI A, POJANI D, ASKARI S, et al, 2018. Socio-demographic and built environment determinants of car use among older adults in Iran [J]. Journal of transport geography, 68: 109-117.

SONG Y, KNAAP G-J, 2004. Measuring the effects of mixed land uses on housing values[J]. Regional science and urban economics, 34(6): 663-680.

SONG Y, MERLIN L, RODRIGUEZ D, 2013. Comparing measures

of urban land use mix[J]. Computers, environment and urban systems, 42: 1-13.

STEVENS M R, 2017. Does compact development make people drive less?[J]. Journal of the American planning association, 83(1): 7-18.

STUTZER A, FREY B S, 2008. Stress that doesn't pay: The commuting paradox[J]. Scandinavian journal of economics, 110(2): 339-366.

SU M, TAN Y-Y, LIU Q-M, et al, 2014. Association between perceived urban built environment attributes and leisure-time physical activity among adults in Hangzhou, China[J]. Preventive medicine, 66: 60-64.

SUN B, ERMAGUN A, DAN B, 2017. Built environmental impacts on commuting mode choice and distance: Evidence from Shanghai [J]. Transportation research part D: Transport and environment, 52: 441-453.

SUN B, HE Z, ZHANG T, et al, 2016. Urban spatial structure and commute duration: An empirical study of China [J]. International journal of sustainable Transportation, 10(7): 638-644.

SUN B, LIN J, YIN C, 2020a. How does commute duration affect subjective well-being? A case study of Chinese cities[J]. Transportation: 1-24.

SUN B, YIN C, 2020b. Impacts of a multi-scale built environment and its corresponding moderating effects on commute duration in China [J]. Urban studies, 57(10): 2115-2130.

SYED S T, GERBER B S, SHARP L K, 2013. Traveling towards disease: Transportation barriers to health care access[J]. Journal of community health, 38(5): 976-993.

TAL G, HANDY S, 2010. Travel behavior of immigrants: An analysis of the 2001 national household transportation survey [J].

Transport policy,17(2): 85-93.

TAO T, WANG J, CAO X, 2020. Exploring the non-linear associations between spatial attributes and walking distance to transit[J]. Journal of transport geography,82: 102560.

TAO T, WU X, CAO J, et al, 2023. Exploring the nonlinear relationship between the built environment and active travel in the twin cities[J]. Journal of planning education and research,43(3): 637-652.

TARIGAN A K, KITAMURA R, 2009. Week-to-week leisure trip frequency and its variability[J]. Transportation research record, 2135(1): 43-51.

TOBLER W R, 1970. A computer movie simulating urban growth in the Detroit region[J]. Economic geography,46: 234-240.

TRUONG L T, SOMENAHALLI S V, 2015. Exploring frequency of public transport use among older adults: A study in Adelaide, Australia[J]. Travel behaviour and society,2(3): 148-155.

VAN ACKER V, WITLOX F, 2011. Commuting trips within tours: How is commuting related to land use?[J]. Transportation,38(3): 465-486.

VAN DE COEVERING P, MAAT K, KROESEN M, et al, 2016. Causal effects of built environment characteristics on travel behaviour: A longitudinal approach [J]. European journal of transport and infrastructure research,16(4).

VAN WEE B, HANDY S, 2016. Key research themes on urban space, scale, and sustainable urban mobility[J]. International journal of sustainable transportation,10(1): 18-24.

WANG D, CAO X, 2017. Impacts of the built environment on activity-travel behavior: Are there differences between public and private housing residents in Hong Kong?[J]. Transportation research part A: Policy and practice,103: 25-35.

WANG D, LIN T, 2019. Built environment, travel behavior, and residential self-selection: A study based on panel data from Beijing, China[J]. Transportation, 46(1): 51-74.

WANG D, ZHOU M, 2017. The built environment and travel behavior in urban China: A literature review [J]. Transportation research part D: Transport and environment, 52: 574-585.

WANG F, ROSS C L, 2018. Machine learning travel mode choices: Comparing the performance of an extreme gradient boosting model with a multinomial logit model [J]. Transportation research record, 2672 (47): 35-45.

WANG H, GUO F, CHENG Z, 2015. A distributional analysis of wage discrimination against migrant workers in China's urban labour market[J]. Urban studies, 52(13): 2383-2403.

WANG X, SHAO C, YIN C, et al, 2020. Built environment, life events and commuting mode shift: Focus on gender differences [J]. Transportation research part D: Transport and environment, 88: 102598.

WANG X, SHAO C, YIN C, et al, 2022. Exploring the relationships of the residential and workplace built environment with commuting mode choice: A hierarchical cross-classified structural equation model [J]. Transportation letters, 14(3): 274-281.

WINTERS M, BRAUER M, SETTON E M, et al, 2010. Built environment influences on healthy transportation choices: bicycling versus driving[J]. Journal of urban health, 87(6): 969-993.

WU J, SONG Y, LIANG J, et al, 2018. Impact of mixed land use on housing values in high-density areas: Evidence from Beijing[J]. Journal of urban planning and development, 144(1): 05017019.

XIAO C, YANG Y, CHI G, 2020. Does the mental health of migrant workers suffer from long commute time? Evidence from China [J].

Journal of transport & health,19: 100932.

YANG J, FRENCH S, HOLT J, et al, 2012a. Measuring the structure of US metropolitan areas, 1970—2000: Spatial statistical metrics and an application to commuting behavior[J]. Journal of the American planning association,78(2): 197-209.

YANG J, SHEN Q, SHEN J, et al, 2012b. Transport impacts of clustered development in Beijing: Compact development versus overconcentration[J]. Urban studies,49(6): 1315-1331.

YANG L,CHU X,GOU Z, et al, 2020. Accessibility and proximity effects of bus rapid transit on housing prices: Heterogeneity across price quantiles and space[J]. Journal of transport geography, 88: 102850.

YANG L, DING C, JU Y, et al, 2021. Driving as a commuting travel mode choice of car owners in urban China: Roles of the built environment[J]. Cities,112: 103114.

YANG L, SHEN Q, LI Z, 2016. Comparing travelmode and trip chain choices between holidays and weekdays [J]. Transportation research part A: Policy and practice,91: 273-285.

YANG L, WANG B, ZHOU J, et al, 2018. Walking accessibility and property prices [J]. Transportation research part D: Transport and environment,62: 551-562.

YANG S, FAN Y, DENG W, et al, 2019. Do built environment effects on travel behavior differ between household members? A case study of Nanjing,China[J]. Transport policy,81: 360-370.

YAU K K, WANG K, LEE A H, 2003. Zero-inflated negative binomial mixed regression modeling of over-dispersed count data with extra zeros[J]. Biometrical journal: Journal of mathematical methods in biosciences,45(4): 437-452.

YE R, TITHERIDGE H, 2017. Satisfaction with the commute: The role of travel mode choice, built environment and attitudes [J].

Transportation research part D: Transport and environment, 52: 535-547.

YIN C, ZHANG J, SHAO C, 2020. Relationships of the multi-scale built environment with active commuting, body mass index, and life satisfaction in China: A GSEM-based analysis[J]. Travel behaviour and society, 21: 69-78.

ZEGRAS P C, SRINIVASAN S, 2007. Household income, travel behavior, location, and accessibility: Sketches from two different developing contexts[J]. Transportation research record, 2038(1): 128-138.

ZENG Z, XIE Y, 2004. Asian-Americans' earnings disadvantage reexamined: The role of place of education[J]. American journal of sociology, 109(5): 1075-1108.

ZHANG H, 2010. The hukou system's constraints on migrant workers' job mobility in Chinese cities[J]. China economic review, 21(1): 51-64.

ZHANG L, HONG J, NASRI A, et al, 2012. How built environment affects travel behavior: A comparative analysis of the connections between land use and vehicle miles traveled in US cities[J]. Journal of transport and land use, 5(3): 40-52.

ZHANG M, 2004. The role of land use in travel mode choice: Evidence from Boston and Hong Kong[J]. Journal of the American planning association, 70(3): 344-360.

ZHANG M, HE S, ZHAO P, 2018. Revisiting inequalities in the commuting burden: Institutional constraints and job-housing relationships in Beijing[J]. Journal of transport geography, 71: 58-71.

ZHANG W, ZHAO Y, CAO X J, et al, 2020. Nonlinear effect of accessibility on car ownership in Beijing: pedestrian-scale neighborhood planning[J]. Transportation research part D: Transport and environment, 86: 102445.

ZHANG Y, WU W, LI Y, et al, 2014. Does the built environment make a difference? An investigation of household vehicle use in Zhongshan metropolitan area, China[J]. Sustainability, 6(8): 4910-4930.

ZHAO P, 2013. The impact of the built environment on individual workers' commuting behavior in Beijing[J]. International journal of sustainable transportation, 7(5): 389-415.

ZHAO P, CAO Y, 2020a. Commuting inequity and its determinants in Shanghai: New findings from big-data analytics[J]. Transport policy, 92: 20-37.

ZHAO P, HOWDEN-CHAPMAN P, 2010a. Social inequalities in mobility: The impact of the hukou system on migrants' job accessibility and commuting costs in Beijing[J]. International development planning review, 32(3/4): 363-384.

ZHAO P, LI S, 2016. Restraining transport inequality in growing cities: Can spatial planning play a role?[J]. International journal of sustainable transportation, 10(10): 947-959.

ZHAO P, LV B and DE ROO G, 2011a. The impact of urban growth on commuting patterns in a restructuring city: Evidence from Beijing[J]. Papers in regional science, 90(4): 735-754.

ZHAO P, LV B and DE ROO G, 2010b. Urban expansion and transportation: The impact of urban form on commuting patterns on the city fringe of Beijing[J]. Environment and planning A, 42(10): 2467-2486.

ZHAO P, LV B and DE ROO G, 2011b. Impact of the jobs-housing balance on urban commuting in Beijing in the transformation era[J]. Journal of transport geography, 19(1): 59-69.

ZHAO X, YAN X, YU A, et al, 2020b. Prediction and behavioral analysis of travel mode choice: A comparison of machine learning and logit models[J]. Travel behaviour and society, 20: 22-35.

ZHOU X, WANG M, LI D, 2019. Bike-sharing or taxi? Modeling the choices of travelmode in Chicago using machine learning[J]. Journal of transport geography, 79: 102479.

ZHU P, 2016. Residential segregation and employment outcomes of rural migrant workers in China[J]. Urban studies, 53(8): 1635-1656.

ZHU P, HO S N, JIANG Y, et al, 2020. Built environment, commuting behaviour and job accessibility in a rail-based dense urban context[J]. Transportation research part D: Transport and environment, 87: 102438.

ZHU P, ZHAO S, WANG L, et al, 2017a. Residential segregation and commuting patterns of migrant workers in China[J]. Transportation research part D: Transport and environment, 52: 586-599.

ZHU Z, LI Z, LIU Y, et al, 2017b. The impact of urban characteristics and residents' income on commuting in China[J]. Transportation research part D: Transport and environment, 57: 474-483.

附 录

建成环境与出行行为之间关联的总结：发达国家与发展中国家的代表性研究

	文献	解释变量	解释变量与出行方式的关系[1]				研究区域	控制变量
			W	C	T	M		
5Ds 密度(density)	Chen 等(2008)	工作和人口密度	+[2]	+	+	−	美国纽约大都市区	SES[3],人口统计特征,居住自选择
	Winters 等(2010)	人口密度		+		−	加拿大温哥华大都市区	SES,人口统计特征
	Buehler (2011)	人口密度				−	美国与德国	N/A
	Cao 和 Fan(2012)	人口密度			+		美国北卡罗来纳州	SES,人口统计特征,居住自选择
	Hong 等(2014)	居住密度	+			−	美国西雅图大都市区	SES,出行态度,空间自相关
	Salvo 等(2014)*	居住密度	−				中国南京	SES,久坐行为,绿色空间
	Su 等(2014)*	居住密度	−				中国杭州	SES,人口统计特征
	Lu 等(2017)*	人口密度	+/−				中国香港	社区社会经济属性特征

续表

5Ds	文献	解释变量	解释变量与出行方式的关系[1]				研究区域	控制变量
			W	C	T	M		
多样性 (diversity)	Cervero(2002)	土地利用熵指数	+		+		美国马里兰州蒙哥马利县	SES、人口统计特征、出行成本
	Leck(2006)	土地利用熵指数			+		无	SES、人口统计特征
	Winters 等(2010)	土地利用熵指数		+			加拿大温哥华大都市区	SES、人口统计特征
	Zhang 等(2012)	土地利用熵指数	+			−	美国西雅图、里士满-彼得堡和诺福克-弗吉尼亚海滩，巴尔的摩，华盛顿特区	SES、人口统计特征
	Hong 等(2014)	土地利用熵指数	+			−	美国西雅图大都市区	SES、人口统计特征、空间自选择
	Lu 等(2017)*	土地利用熵指数	0				中国香港	社区社会经济属性特征

续表

	文献	解释变量	解释变量与出行方式的关系[1]				研究区域	控制变量
			W	C	T	M		
5Ds 设计 (design)	Frank et al.(2007b)	街道形式（方格网）以及街道质量	+			—	美国亚特兰大大都市区	居住自选择和偏好
	Winters 等(2010)	道路交叉口密度		+		—	加拿大温哥华大都市区	SES，人口统计特征
	Berrigan 等(2010)	街道连通性	+	+			美国洛杉矶、圣地亚哥	SES，人口统计特征，健康相关变量
	Marshall 和 Garrick (2010)	道路交叉口密度、街道连通性、方格网街道形式	+	+	+		美国加州24个人口介于30000人到100000人之间的城市	小汽车数量，活动水平，收入水平，高速公路和市中心的邻近性
	Koohsari 等(2014)	街道连通性	+				澳大利亚阿德莱德	个人和社区 SES
	Lu 等(2017)*	街道连通性	0				中国香港	社区 SES

续表

5Ds	文献	解释变量	解释变量与出行方式的关系[1]				研究区域	控制变量
			W	C	T	M		
到公共交通站点的距离(distance to transit)	Frank et al.(2007b)	到公共交通站点的距离及公共交通可达性	+			+	美国	SES,人口统计特征,驾照数量,是否有小孩
	Besser 和 Dannenberg(2005)	公共交通可达性	-	+	+		美国	SES,人口统计特征
	Hess(2009)	公共交通步行距离			-		美国加州,纽约州	SES,人口统计特征
	Shatu 和 kamruzzaman(2014)	是否TOD(是则取1,否则取0)	+	+	+	-	澳大利亚布里斯班,凯尔文·格罗夫市村落(TOD)与安纳利区(非TOD)	SES,人口统计特征
	Nasri 和 Zhang(2014)	是否TOD(是则取1,否则取0)	+	+	+	-	美国华盛顿特区和巴尔的摩的TOD区域与非TOD区域	SES,人口统计特征
	Salvo 等(2014)*	公共交通站点密度	-				墨西哥	SES,人口统计特征

续表

5Ds	文献	解释变量	解释变量与出行方式的关系[1]				研究区域	控制变量
			W	C	T	M		
目的地可达性 (destination accessibility)	Cervero 和 Duncan (2006)	工作、零售或服务业可达性				−	美国旧金山湾区	SES,小汽车数量,驾照
	Zegras 和 Srinivasan (2007)	到 CBD 的距离				+	中国成都和智利圣地亚哥	SES,人口统计特征
	Cao et al.(2009b)	图书馆、商务业等目的地可达性	+	+		−	美国北加州	SES,人口统计特征,居住自选择
	Ewing 等(2015)	区域就业中心的可达性	+	+		−	美国 15 个不同区域	SES,人口统计特征
	Chudyk 等(2015)	杂货店、商场、餐馆的可达性	+				加拿大大温哥华地区	SES,人口统计特征
	Lu 等(2018)*	到 CBD 的距离				−	中国香港	SES

注:1.在出行方式中,"W"表示步行,"C"表示骑行,"T"表示公共交通出行,"M"表示驾驶小汽车;2."+"表示显著正相关,"−"表示显著负相关,"0"表示无显著相关性;空白表示该研究未涉及该出行方式;3.SES 是社会经济状态变量的缩写;4.*表示发展中国家的研究。